だれでもわかる
決算書分析

はじめに

数字は、元来、おしゃべりな奴です。

数字は、みなさんのお小遣いならみなさん、会社のお金なら経営者、といった持ち主の意思や判断なしに1円たりとも動きません。

経営者は、とても儲かっているときに支出を切り詰めようとはしないでしょうし、とても厳しい環境にいながら湯水のようにお金を使うこともないでしょう。

要するに、経営者はみな、会社の置かれた状況に応じて、意思決定をしてお金を動かしているのです。

たとえば、売上高が減っているのに利益を維持していれば、厳しい環境の中で効率化を行って頑張っている姿が読み取れますし、逆に売上が伸びているのに利益が

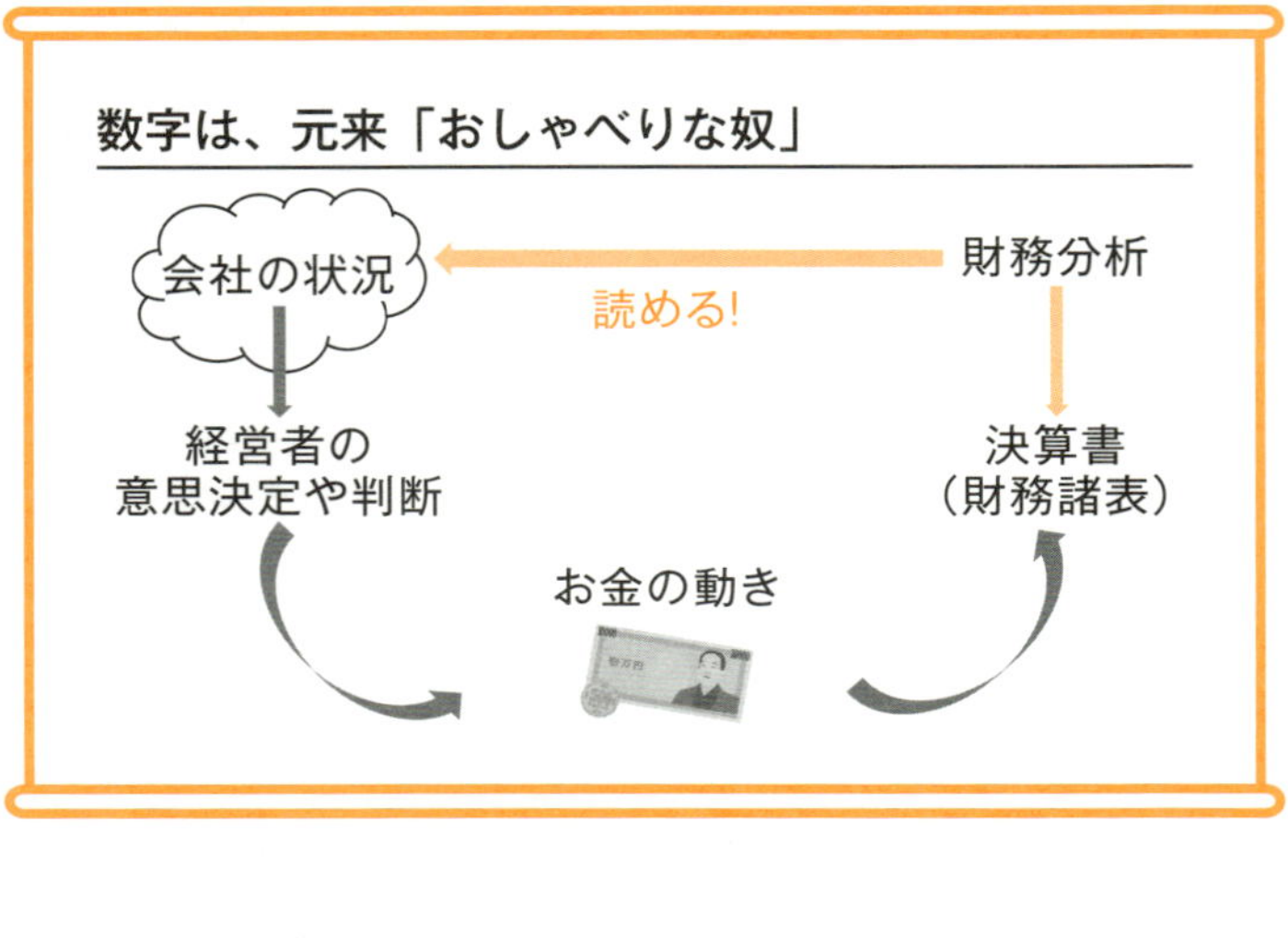

減っていれば売上至上主義で突っ走っている姿が目に浮かびます。

つまり、会社のお金の動きを示す決算書（財務諸表）は、経営者の意思や判断の結果が集積されたもので、そこには会社が置かれた状況が反映されています。

ですから当然に、その財務諸表を分析すれば、いろいろな会社の状況を読み取ることができます。

そして、この計算自体はとても簡単なことです。

しかし、株式投資を考えている人が、短期的な支払い能力を示す当座比率を気にしても意味は乏しいでしょうし、就職先として検討している人が固定資産の効率性を比較しても、まず意味はないでしょう。

ですから本書は、財務分析の比率を、分析をする人（数字の言葉を聴きたい人）の『問いかけ』として捉え、財務分析の結果がその『答え』と位置付けています。

本書を読んで財務諸表の構造を理解し、みなさんも、いろいろと決算書に問いかけられるようになりましょう。

数字たちは必ず、答えを返してくれます。

さぁ、始めましょう。

おしゃべりな数字たちの言葉を、聴いてやろうではないですか。

※本書は、好評を博したＷＥＢ講座『はじめての財務分析』をもとに、加筆修正して編集したものです。

目次

ネットスクールは、
書籍と WEB 講座であなたのスキルアップ、キャリアアップを応援します！
挑戦資格と自分の学習スタイルに合わせて効果的な学習方法を選びましょう！

独学合格に強い ネットスクールの書籍

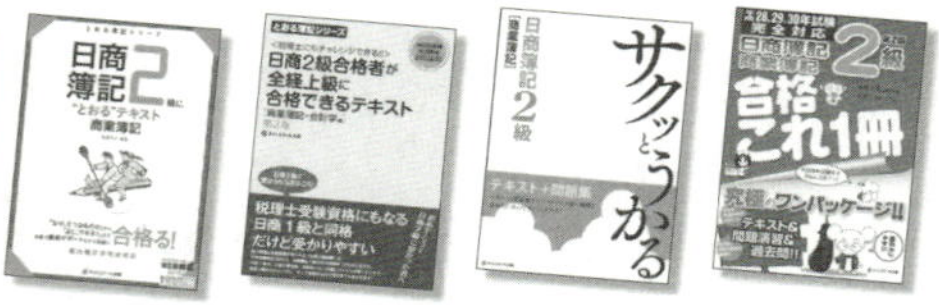

図表やイラストを多用し、特に独学での合格をモットーにした『とおるシリーズ』をはじめ、受講生の皆様からの要望から作られた『サクッとシリーズ』、漫画で楽しく学べる『日商簿記合格これ１冊シリーズ』など、バラエティに富んだシリーズを取り揃えています。

質問しやすい！わかりやすい！学びやすい!! ネットスクールの WEB講座

ネットスクールの講座はインターネットで受講する WEB 講座。 質問しやすい環境と徹底したサポート体制、そしてライブ（生）とオンデマンド（録画）の充実した講義で合格に近づこう！

ネットスクールのWEB講座、4つのポイント！

1 自宅で、外出先で受講できる！
パソコン、スマートフォンやタブレット端末とインターネット環境があれば、自宅でも会社でも受講できます。

2 授業中にチャットで質問できる！
決まった曜日・時間にリアルタイムで講義を行うライブ講義では、チャットを使った質問や、「もっと詳しく」などリクエストもOK！

3 自分のペースでできる
ライブ講義の翌日から講義を録画したオンデマンド講義が配信され、受講期間中なら何度でも繰り返し受講できます。リアルタイムで受講できなかった場合や、復習にも最適です。また、倍速機能を利用して半分の時間で復習することもできます。

4 質問サポートもばっちり！
電話（平日 11:00 ～ 18:00）や受講生専用 SNS【学び舎】*またはメールでご質問をお受けします。

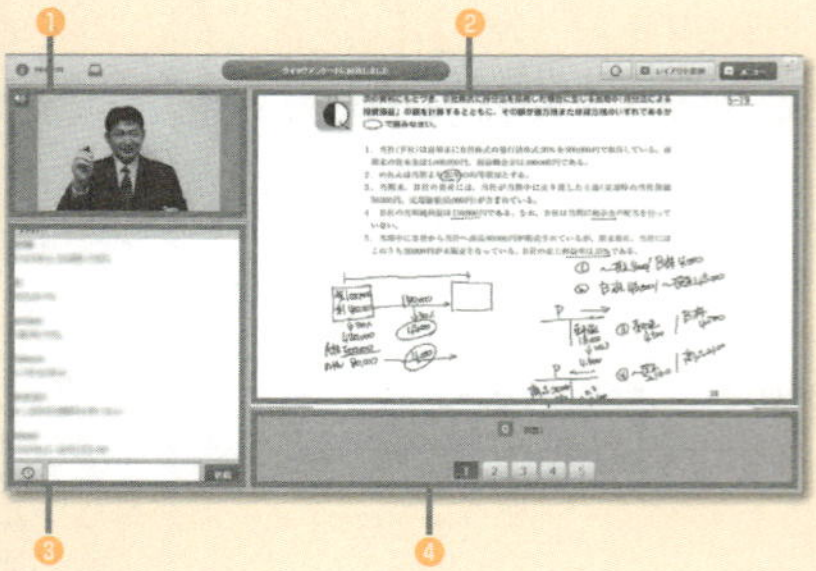

❶ 講師画面
講師が直接講義をします。臨場感あふれる画面です。

❷ ホワイトボード
板書画面です。あらかじめ準備された「まとめ画面」や「資料画面」に講師が書き込んでいきます。もちろんプリントアウトもできます。

❸ チャット
講義中に講師へ質問できます。また、「今のところもう一度説明して！」などのご要望もOKです。

❹ アンケート回答ボタン
講師からの「今のところわかりましたか？」や「皆さんに聞きますね」などの問いかけに使います。※ 画面はパソコン版（ライブ講義です）

＊【学び舎】とは、受講生同士の「コミュニケーション」機能、学習記録や最近の出来事等を投稿・閲覧・コメントできる「学習ブログ」機能、学習上の不安点をご質問頂ける「質問Q＆A」機能等を備えた、学習面での不安解消、モチベーションアップ（維持）の場として活用頂くための、ネットスクールのWEB講座受講生専用SNSです。

WEB 講座開講資格：http://www.net-school.co.jp/web-school/

※ 内容は変更となる場合がございます。最新の情報は弊社ホームページにてご確認ください。

第0部

財務分析のアウトライン

第0部 財務分析のアウトライン

財務分析というのは、**結局は数字との対話**なんです。いろいろな状況があって、それが数字に表れている。その数字は、背景にある状況を雄弁に語っています。話したくて仕方がない。おしゃべりな数字なんです。

その**言葉を聞いてあげる手法が財務分析**です。

では、始めていきましょう。

第0部『財務分析[1]のアウトライン』で扱う内容が、下の5つになっています。

最初に、この**《財務分析のアウトライン》**そのものの話。

第0部　財務分析のアウトライン

- 財務分析のアウトライン
- 投資と投機（トレーディング）は違う
- 財務分析と簿記会計の関係
- 数字に強い人になる方法
- ウソの掛け算と真実の割り算

また投資と投機[2]をごちゃまぜにした話が多いので、この辺の違いを最初に明確にしておこうと思います。

次に**《財務分析と簿記会計の関係》**

ここでは、簿記を勉強してこられた方[3]、皆さんの力をどうすれば活かすことができるのか。という話を扱います。

そして**《数字に強い人になる方法》**

皆さんには、数字に強い人になっていただきたい。日本は資源の乏しい国ですから、数字に強いことは日本人にとっては国民的に必要なこと[4]だと思います。

その、強い人になるための方法をお話しします。

最後に**《ウソの掛け算と真実の割り算》**

どんな内容でしょうね。

こういったところを第0部『財務分析のアウトライン』としてお話ししていきます。

(1)財務諸表（決算書）に基づく分析を財務分析といいます。

(2)《投資》は長期間、会社を応援するもの。《投機》は短期間で利ザヤを得ようとするものです。《投機》を目的にする人に、この本は向いていませんので、それは予めお伝えしておきます。

(3)簿記の講師から始め、会社経営してきた私から見ると、簿記を学んできた人がもったいなく思えて仕方ありません。ぜひ読み進めてください。

(4)自国を出て、一定の成功を収めているのはアジアでは華僑、欧米ではユダヤの方たちでしょう。いずれも数字に明るい人たちです。

01 財務分析のアウトライン

さっそくなんですが、《財務分析のアウトライン》という話をしたいと思います。

一言で財務分析といっても、非常に幅が広かったりします。

そこで、下の図を用意しました。

まず、縦軸に実践的な話なのか、理論的な話なのか[5]。という軸が一つ。

横軸には、左側に投機[6]という世界。右側に、経営とか長期的な投資[7]をするという世界。という二つの世界を持ってきました。

この本では、**「実践的で、経営・投資戦略を考える」**

財務分析講座のアウトライン

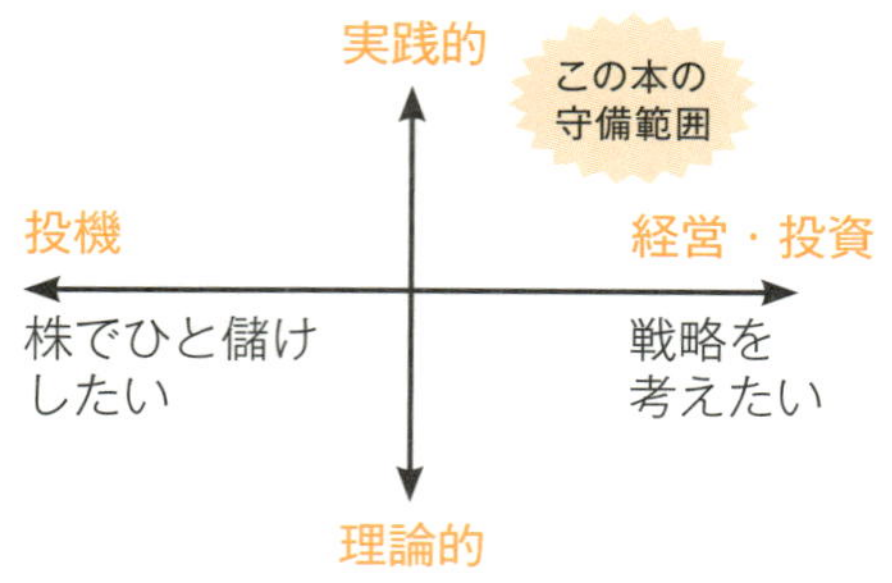

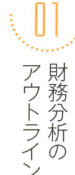

という領域を守備範囲にしてお話ししようと思います。

また、財務分析というのは、立場によって目的が異なるので、やること（使う指標）もまったく異なります。例えば、取引先との関係であれば、「現実的にこの会社とどう付き合おうか」とか、経営する立場なら「今のうちの会社の状況に対して、どう手を打てばいいのだろうか」とか、学生さんなら「どういう会社を選ぶべきなのか」といったところを考えられる話を、この本の中でしていこう(8)と思っています。

(5)財務分析にも理論的な話はありますが、一般的にこうやっているよ、という実践的な話もあります。

(6)株で一儲けしたいとか。

(7)戦略を考えたいという意図など。

(8)理論的な正確性を追求するような話は避けようと思います。

02 投資と投機（トレーディング）は違う

先ほどから「投機」とか「投資」という言葉が出てきていますが、最初に、この二つを峻別しておきましょう。

《投機》というと、トレーディングとも言われ「短期的に所有して売却し、売買益を得る(9)」というものです。なので、長く持っても2週間くらいのタームで、どんどんどんどん売買して利ザヤ(10)を稼いでいく。っていう世界です。

この投機に「何が影響するのか」っていうと、財務大臣がこんな発言をしたとか、アメリカの雇用統計がこういう数字になったとかといった、投機の対象となる企業の外部要因によって上がったり下がったりしていく。そ

投資と投機（トレーディング）は違う

▶投機：短期的に所有し売買益を得る
（売買目的有価証券）

財務分析どころか、
業績さえも意味が
乏しい世界

①値動きが大きい
②大型株である（損切りがしやすい）
③方向性（トレンド）がはっきりしている

★期間的な制限のあるファンドでは、3年5年のスパンでの投資は難しい

んな世界[11]がここに広がっていきます。

福山雅治が結婚するという話になったとき、ネット上で「福山」「福山」って出て、何の関係もない福山通運の株が上がった[12]っていう話までありましたね。

投機を考えたときに、どういう要素が投機の対象の有価証券として必要なのかというと、まず、**値動きが大きい**。短期でしか持たないので値段が短期間で動いてくれないと儲からないわけです。

そして、**方向性がはっきりしている**。上がる基調にある、下がる基調にある、これがはっきりしてる。

さらに、**大型株である**。たくさん株式を発行しているということは、通常たくさん売買される。つまり、値段が上がって売ろうと思っても、すぐそこに買う人がいる。値段が下がって、損切りしてすぐ止めたいと思った時にも、そこに買う人がいる。そういう、大型株で大勢の人が売ったり買ったりしてる。なんていうのも必要な要素になるでしょう。

こういう要素が必要になるのが《投機》の対象となる有価証券です。

この投機なんですけど、財務分析どころか、別に業績さえも意味が乏しい。そ

(9)簿記的には売買目的有価証券になります。

(10)キャピタルゲインともいいますね。

(11)もちろん企業が新商品を発表したといった話も影響しますが……。

(12)コンピュータで買う銘柄を決めているために「福山が人気」→「福山通運を買おう」となったそうです。

の会社の業績よりも、むしろ外部的な要因や思惑で上がったり下がったりしていきます。

なので、ここでは、財務分析はそんなに意味を持たない。まぁ全然ないわけじゃないでしょうけど、意味が乏しい世界があります。

よく、ファンド(13)といわれる人たちが投機をやっているんですけど、これを我々個人がやると「ファンド相手に儲けることができるのか？」という問いかけになるのですが、私は正直「かなり難しいんじゃないかな」と思います。

ただ、このファンドの人たちにはできないことがある。

それは、長期投資です。

ファンドには期間的な制限があります。

例えば、1年のファンドです。2年のファンドです。というように、ファンドでは通常、期間が決まっていて、そのタイミングごとに分配しないといけないんです。

ということは、3年とか5年とかの長いスパンで考えて「この会社はいいぞ。

(13)投資ファンドのこと。複数の投資家から資金を集め、投資を行い、リターンを分配する仕組み。

(14)長期的に安定して株式を保有する株主。敵対的買収を難しくさせる効果がある。会社としては有難い株主。

(15)簿記では、投資有価証券という科目が該当します。

(16)長期的に持つと考えたときに、長期的に見るとなくなってしまうような市場の会社だと辛いです。

3年後、5年後楽しみなんじゃないか」なんてことを思って、その会社の株を買うなんてことは、彼らにはできない。

そこに、一つ**個人が勝てるポイント**があると思います。

投機に対して、**《投資》**となると、今度は長期的です。長期的に保有し、安定株主[14]としてその会社の成長を見守り、配当を得て、機を見て――なんか自分が家を買うとか、子供が大学に入ってお金が要るとか――なにがしかの場面で売却する。なんていう、そんなのが《投資》という世界[15]です。

すると、どういう要素がこの投資で大事かというと、ざっと見るとこんなところがあります。

まず、一番大事なことは、長期的になくならない市場[16]に属している。ということが前提要素だと思います。

投資と投機（トレーディング）は違う

▶投資：長期的に保有し、安定株主として成長を見守り配当を得、機を見て売却する（投資有価証券）

①長期的になくならない市場に属している

②技術やノウハウが蓄積されている

③株価純資産倍率（PBR）が低い

④安定的な利益率がある

⑤配当性向が高い

財務分析が、重要な意味を持つ世界

次に、技術やノウハウが蓄積されていて、株価純資産倍率[17]（PBR）が低かったり、安定的な利益率があったり、配当性向[18]が高かったり、こういう要素を持っているところが、投資に適しているということになります。

そして、**投資の世界では《財務分析》が重要な意味を持ちます。**

「この数字がこうだから、この会社は投資に値するな」といった形で、有価証券報告書をみて財務分析をして「この会社の株を長いスパンで買って応援しよう」という話になっていく。

これが《投資》という世界です。

投資と投機についてお話ししてきましたが、この本では投機は扱いません[19]。ですが、投資というのは、財務分析に絡みますので、視野の中に入れ[20]て見ていきたいと思っています。

(17)株価÷1株あたり純資産　これが1を下回ると、1株あたり純資産以下の金額で株式を買えることを意味し「割安」といわれる。

(18)配当金÷当期純利益　純利益の内の多くを配当に回してくれる会社の方が、株主としては有難い。

(19)「投機に失敗して財産をなくす」なんていう不幸の片棒を担ぐのはゴメンです。

(20)後ほど、私なりのアプローチを紹介しましょう。

ポイント

●数字はとてもおしゃべりで、いつもしゃべりたがっている。それを聞く手法が財務分析。
●投資と投機はロジックが違う。投資が投機に勝つには、時間を味方につけるしかない。
●本書は、最終的に立場ごとで必要な財務分析ができるようになることを目指します。

03 財務分析と簿記会計の関係

これまで、投機だ、投資だという形で、外部の会社にお金を出すということをお話ししてきたんですが、そればっかりじゃないです。

財務分析の有効性は、自分の会社そのものだったり、自分が住んでいるマンションの団体であったり、知人の会社だったり、そういう身のまわりの会社や団体の数字から、よりよい道[21]を見つけていける。そういう世界でもあるんです。

むしろ、こちらの方が、実践的に使って有効だと思います。

そこで**『財務分析と簿記会計の関係』**をお話ししてお

財務分析と簿記会計の関係

▶財務分析と簿記会計は車の両輪

問題発見能力 ▶ **問題解決能力**（課題）

財務分析
数字に強い

簿記会計
数字に詳しい

きましょう。

私も長い間、簿記の講師をやっているんですけど、検定試験の内容だけをやっていると、合格した方から「簿記の勉強をして、2級に合格したけど、なんか使えないんだよなぁ」なんて話[22]が必ず聞こえてきてしまうわけです。

そもそも、簿記会計というのは、決算書が作られるまでのプロセスです。どういう取引の中でこの数字ができたかが分かってくる。

言い方を換えると「こういう行動をすれば、また、行動をこう変えれば[23]、その結果、こういう財務諸表になるんじゃないか」「売り上げが上がるんじゃないか」「利益が上がるんじゃないか」そういう話が簿記ができることなんです。

なので、**簿記会計**というのは、ある意味**《問題解決能力》**なんです。

「この数字を良くするには、こういう行動が必要だ」といった問題解決、課題解決をするために必要な思考[24]です。

でも、問題解決能力だけあっても、問題を発見できなければ解決のしようもないです。

なので、簿記会計というのは、問題発見能力[25]との車の両輪なんです。

(21)知識は多くの人を幸せにするために使いたいものです。私にとっての「成功」は「どれだけの人の人生に貢献できたか」だと思っています。本書の読者の方々の人生に貢献できることを願っています。

(22)特に暗記中心の学習で合格した場合は、まず使えません。

(23)例えば、広告費をライバル並に削減すればとかライバルの倍のレベルまで広告費を上げればとか。

(24)簿記を学んでいくと、数字に詳しいという状況を作れます。

(25)これが財務分析の役割です。

両方あって、皆さんが前に進み、会社が前に進み、皆さんが評価される。っていう、本当に、**車の両輪的な存在が、簿記会計と財務分析**なんです。

これからお話ししていくのは**財務分析**です。つまり、**《問題発見能力》**です。

例えば、ライバルの会社に比べて、うちの営業経費が「やけに高いぞ？　なぜだ？　何が高いんだ？」そういったところから「じゃあ、どうすればいいんだろう？[26]　この数字をこうやればこうなっていくはずだ！」っていう問題を発見するから、その解決能力が活き[27]るわけです。

だから、簿記会計を学んだ人は絶対に財務分析も学んで、ぜひ問題発見能力を身につけ[28]てもらいたい。

そして、財務分析は案外簡単です。

正直、簿記会計に比べればずいぶん簡単です。なんせ、この一冊で学べてしまうのですから。

なので、**皆さんはこの「数字に強い」といわれる存在を目指して**いただけたらと思います。

皆さんに、数字に強い人になってもらうための方法論をこの次でお話しします。

(26)「ライバルはどうやっているのだろう？」と思考するだけでも進歩していきます。

(27)簿記会計だけずっとやっても問題にぶつかればいいんでしょうけど、ぶつからなければあまり役に立たないっていう話になりかねないわけです。

(28)特に、過去に簿記を学んだことがある方には絶対にです。

04 数字に強い人になる

では、『数字に強い人になる方法』[29]これを、皆さんにお話ししていきたいと思います。

実は、数字に強い人の思考プロセスは、もう決まっているんです。

決まった法則性の中の話なので、逆にその法則性を皆さんが理解して、実践すれば、**確実に《数字に強い》**といわれる存在になっていきます。

まず、今のネット社会、日々いろんな数字が、世の中に流れていきます。ニュースから、ホームページから、いろんな数字がダーっと流れていきます。

ダーっと数字が流れていく中で、ある種の人たちはそ

数字に強い人になる方法

基準

数字 ―――▼――― 情報

数字は、基準をもってみるから、情報になる

これは危ない!(アラームが鳴る)	問題発見	課題解決
これはいけるかも!(光が差す)	戦略立案	課題解決

の数字の一部をつかまえて「あ、これはいけるぞ」とか「お、これは危ないな」と感じるのです。

こういう人たちは何をしているのか。

答えは簡単です。**数字を《基準》をもって見ている**んです。

この基準が正しいとか間違ってるとか[30]の話は抜きで、とにかく基準を置いて見る。なんなら去年の数字でもいい。自分の勘でもいい。なんでもいいんで、とにかく基準にする数字を置いて見てみてください。

そうすることで、初めて、**数字が情報になります。**

つまり、数字がしゃべり出すんです。

情報というと、会社からみれば経営資源の一つです。とても重要な経営資源[31]、貴重な財産です。

そして、皆さんにとっては、非常に武器になるものです。

情報を作れるかどうか。数字を漫然と見ている人は、まず、絶対に情報に行き

(29)「あの人は数字に強いぞ」と一目置かれるような存在になりたいですよね。

(30)「いけるぞ」にしても「危ない」にしても、検証してから行動するはずです。まずは感じることが大切です。

(31)経営資源と言われているのが、《ヒト》《モノ》《カネ》そして《情報》。他には、《スピード》だとか《ノウハウ》とかを入れる人もいます。

着きません。

数字に対して、基準を置いて見るからこそ「いけるんじゃないか?」「危ないぞ!」という形で**数字が自分にしゃべりかけてくる**ので、情報に行き着くことができるんです。

これを、常に意識してください。

数字は基準を持って見ると、しゃべってくれる。そして、それが情報になる。**情報**というのは、会社にとっても、とても**大事な財産**です。

だから、財産を作れるか作れないかは《**数字に対して、基準をもって見られるかどうか**》ここにかかっています。

なので「これは危ない!」というアラームが鳴ったり「これはいけるかも!」っていう光が差す——問題発見や戦略立案——という話から、課題解決に繋がってくるのです。

この《基準を置いて数字を見る》という感覚では、財務分析で出てきた数字[32]を基準にすると、より正しくアラームが鳴ったり、光が差したりします。

なので、みなさん、数字に強い人[33]になりましょう。

(32)従業員1人あたりの売上高とか、売上高1円あたりの利益といった割り算をした結果の数値が理想的です。

(33)特に簿記を学んできた方は、もう全員、数字に強い人にならないと損です。

そのためには、《数字を見たら基準を置く》ということを頭の中に、バチッと入れておいてほしい。

正しいか間違っているかなんていうのは、**どうせ後で検証します。**

検証するんだから、その時に考えればいい。

まずは「いけるんじゃないか?」って光が差したり、「やばいぞ!」とアラームが鳴ったりすることが大事です。

ぜひ《数字に強い人になる方法》を意識してもらえたらと思います。

05 ウソの掛け算と真実の割り算

『数字に強い人になる方法』をお話ししてきました。

そこでは《基準をおいて》という話をしたんですが、もう一つ、この**《数字に強い人》が持っている感覚**みたいなものをお話ししておきたいと思います。

『ウソの掛け算と真実の割り算』[34]としておきました。

掛け算と割り算とで、使い方が違うし、効用も違うんです。

まず**《掛け算》**。これは、ウソをつくときに有効です。

例えば、対前年比で売上が30%下がりました。でも、その翌年には頑張ったので、今度は対前年比で売上げが30%上がりました。という話になったときに、なんとな

ウソの掛け算と真実の割り算

▶掛け算：ウソをつくときに有効

「現在の御社の市場占有率（シェア）が60%で６億円の売上ですから、Y研究所によると３年後にはこの市場は５倍になるので、そのときには御社の売上は30億円。それに見合うシステムは…」

く元に戻った気がするじゃないですか。

しかし、よくよく考えてみると、前々年の売上を100とすると対前年比で30％下がれば前年の売上げは70、そして、次の年に対前年比で30％上がっても91％までしか戻っていません(35)。

また、実際にあった話なんですが、うちは出版社でもあるので本を作ります。本を作るには紙が必要なので、問屋さんから紙を仕入れています。

ある時、その問屋さんが神妙な顔つきでいらして「既にご存知かと思いますが(36)。紙のメーカーが10％値上げします。つきましては、申しわけないのですが、御社への売り値も10％上げさせていただきたいと思っております」と言ってきました。

私は「エッ？」と驚いて(37)**「御社は、メーカーの値上げに乗じてユーザーを泣かせて儲けようっていうんですか？」**って言いました。

相手の方はきょとんとして「いや。そんなことありません」とおっしゃるんで、「いや、そうでしょう。有価証券報告書によると、御社の粗利率は10％(38)ぐらいですから、御社が90円で仕入れた紙を、うちに100円で売っているという関係なんですよね。そうするとメーカーが原価を10％上げれば99円になる。それをうちに

(34)「ウソ」はちょっと言い過ぎかもしれませんが……。

(35)でも、こんなことに気付かずに「よく頑張ったな」なんて言う人は案外多いものです。

(36)相手にとって不都合なことを言うときの常套句。相手はまず知らない。

(37)不都合な申し出のときはまず驚く。これが鉄則(笑)

(38)相手先の利益率を知っておくことは、交渉の際の重要な要素になります。

110円で売れば、11円儲かる(39)ようになるじゃないですか。おかしいでしょう。すみませんというなら、せめて109円を切って提示しないとおかしいでしょう」と言って値上げのインパクトを弱めたんです。

そのときに、この営業マンに聞いたんです。「他の会社ではこういうふうには言われないですか?」って。

すると「初めて言われました」という話でしたから、案外皆ここに気がつかないみたいなんですよね。

また、こんな話もありました。

Y研究所さんが、eラーニングの市場規模の調査をしたらしくて、3年で5倍になるとかという話をしたらしいんです。

そこで、受講生管理かなにかのシステム屋さんがやってきて「御社の受講生は今何人ぐらいですか」から始まって「3年で5倍になるとのことなんですが、そのときの御社のシステムは大丈夫でしょうか?」という話になりました。

私は「そんな3年で5倍になるなんて話を真に受けて投資してたら、会社つぶ

(39) これまでは10円しか儲かっていなかったのに。

れますよ？　それに、もし3年で5倍になったとしたら、そのときには市場の形が変わってるはずです。そこに、今の形を前提にしたシステムを入れてたって、また対応できなくなるに決まってるじゃないですか。5倍になってから考えます」と言って断りました(40)。

これって全部掛け算の話なんですよね。

掛け算は人を口説くとか、勇気づけるとか、その気にさせるとか、そういうところで有効です。

ただ、真実かといわれると、掛け算の話で真実はまずありません。

真実はというと、それは、**《割り算》**です。

割り算が、真実を見るときに有効です。

例えば「1人当たりの売り上げ」とか、「広告1円当たり、どれだけの売り上げにつながったのか」「売上1円あたり、どれだけの利益ができたのか」とか、対象となる何かを基準になる数字で割った結果の数字。この数字が現在の状況(41)を如実に表します。

財務分析は、すべてが割り算ですし、**数的センスは割り算のセンス**です。

(40)システムなどというものは、会社を人体に例えると、神経のようなもの。相手先のペースに乗って導入しても、まずいいことはない。

(41)広告1円あたりとか、1件あたりの売上とか、そういったことが状況を如実に表します。

(42)各種の比率のことを指標と呼びます。

(43)原価率：原価÷売上
利益率：利益÷売上
とか。

つまり、数的なセンスがあると言われる人は、割り算をしてるんです。割り算をした結果の数値を基準として置いているから「これはおかしい」とか「これなら大丈夫」とかって即座に言えるんです。

皆さん、この割り算の感覚っていうのが、数字を見る財務分析にとっては、とっても大事です。

真実は、割り算をやらないと見えないですから。

財務分析によって、真実の姿を見ないといけないので、財務分析の指標《しひょう》[42]の算式は全部、割り算[43]になっているんです。

ウソの掛け算と真実の割り算

▶割り算：真実を見るときに有効

①一人あたりの売上
②広告費１円あたりの売上
③売上１円あたりの利益

▶財務分析はすべてが割り算

▶数的センスは割り算のセンス

ただ、この財務分析をする前提として、財務諸表の構造の意味をある程度理解しておかないと読めないので、そこからお話ししていきましょう。

ポイント

- 財務分析は問題発見能力。簿記会計は問題解決能力に繋がる。両者は、車の車輪。二つ揃って前に進める。
- 数字に強い人には誰でもなれる。数字を見たときに基準を置けばいい。それで、数字がしゃべりだす。
- 掛け算は、人を動かすときに有効だが、真実の姿は、割り算でないとわからない。数的なセンスは割り算のセンス。

第1部
財務3表の構造と意味

第1部 財務3表の構造と意味

それでは、第1部『財務3表の構造と意味』について見ていきましょう。

財務諸表の分析をするにあたって、まず、財務3表[1]がどういう構造で、どういう意味を持っているのか。ということの理解が必要です。

ですから、この第1部[2]で理解しておいてもらおう思います。

まず**《決算書の必要性》**や**《決算書の種類》**について確認しておきましょう。

次に**《貸借対照表と損益決算書の様式》**、**《貸借対照表と損益計算書の関係》**ここまでは、ごくごく基本的な話

第１部　財務３表の構造と意味

- 決算書の必要性
- 決算書（財務３表）の種類
- 貸借対照表と損益計算書の様式
- 貸借対照表と損益計算書の関係
- 貸借対照表の本質と構造
- 損益計算書の本質と構造
- キャッシュ・フロー計算書の構造と意味

になります。

そして**《貸借対照表の本質と構造》**この本質の部分、実は、右から左へお金が流れた痕跡なのだ。という話をしていこうと思います。この部分の見方はちょっと新鮮だと思います。

《損益計算書の本質と構造》どの利益が何を意味しているのかを、損益計算書の構造から理解してもらいたいと思います。、

最後に**《キャッシュ・フロー計算書の構造と意味》**みなさん、一番なじみのない決算書だと思うのですが、これを読んでいただくとキャッシュ・フロー計算書が得意になります。**一目見て、会社の状況が読めるようになります。**キャッシュ・フロー計算書に向かって「おしゃべり。少しは黙りなさい！」ってツッコミを入れたくなるくらいです（笑）。

では進めていきましょう。

(1)貸借対照表、損益計算書、キャッシュ・フロー計算書。

(2)簿記を勉強されてきた方にとっては、知ってそうで知らない視点があります。ぜひ、簿記を勉強してきた人も見てもらえたらと思います。

06

決算書の必要性

ではまず、『**決算書の必要性**』を軽くお話ししていきましょう。

会社の形には、個人商店、非上場企業、さらに上場企業といった、いろんな状況、レベルの会社があります。

このどれをとっても、やはり決算書は必要なんです。というのは、どの会社にも利害関係者がいます。会社の経営者そのものだったり、そこにお金を貸している人だったり、税務署や取引をしている人、なんなら従業員、消費者、近隣の住民まで含めて、その会社に関して、なにがしかの利害が関係している人たちが当然にいます。

そういう人たちに報告していく。会社にはそういう義

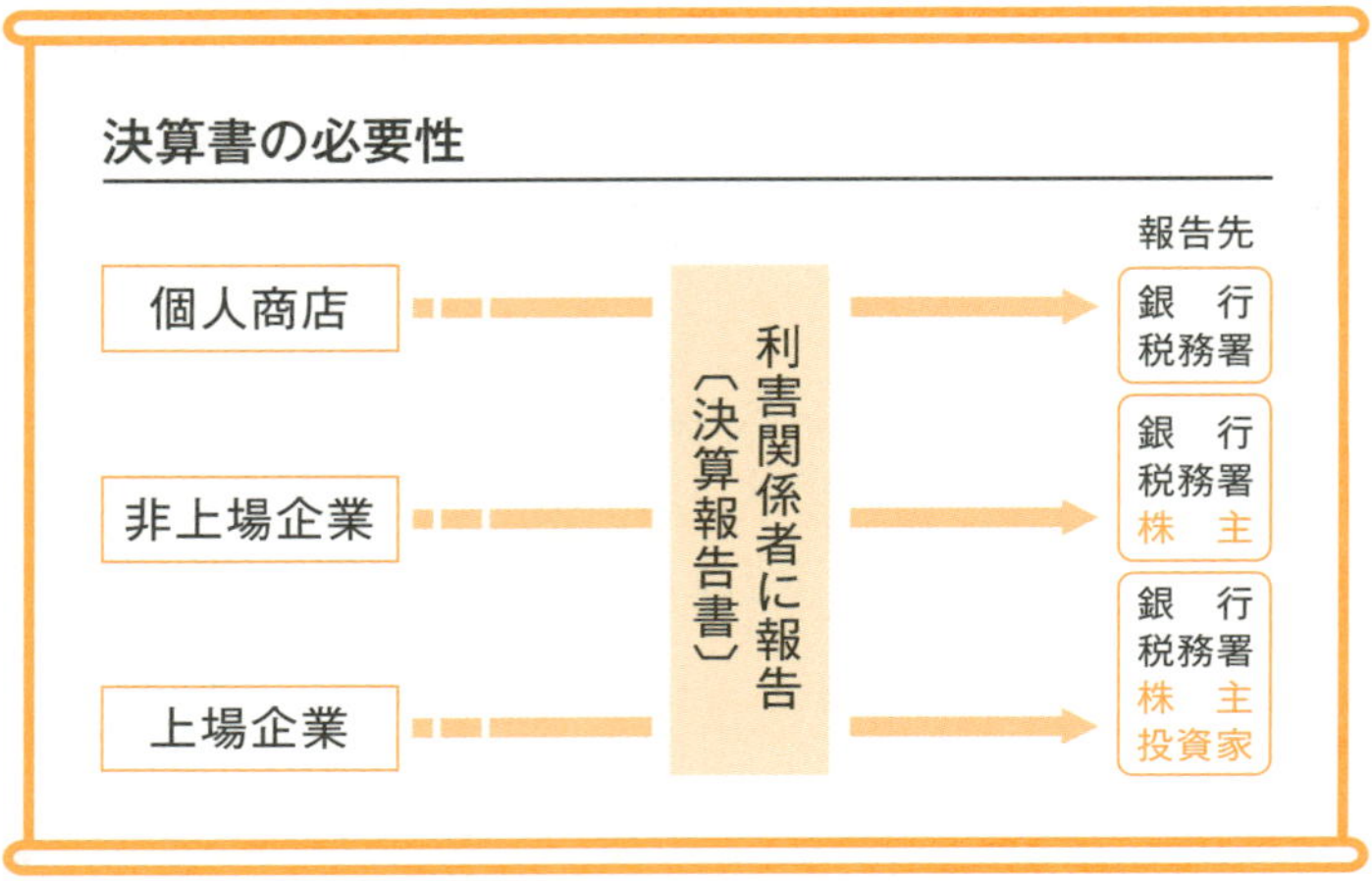

務があります。

例えば、個人商店(3)でも、銀行からお金を借りていれば、その銀行に決算書を出さないといけません。そうでなくても、税金を支払わなければならないので、税務署に決算書を出す必要(4)があります。

また、非上場企業(5)であれば、銀行に借入がある場合は銀行、そして税務署、さらに株主といった人たちに当然、報告が必要になるわけです。

もちろん、上場企業(6)になるとさらに増えます。銀行、税務署、そしてその株主、この現在の株主だけではなくて、将来株主になる可能性のある人達にも決算書を公開していかなければならなくなります。

つまり、一般に公開する。というところまで広がっていくわけです。

このように、決算書の必要性は、さまざまな報告先があり、また、報告先でなくても、他にも利害関係者が存在します。

いずれにしても、決算書が必要になっていく、という状況があるわけです。

(3)出資した人が経営しているお店。

(4)個人商店でも、最低限これぐらいは報告する必要性が出てきます。

(5)上場はしてないけれども、会社形態で運営している会社。

(6)東証一部上場とかの会社。株式に時価が付き、日々売買される。

07

決算書（財務3表）の種類

それでは、『決算書の種類』を確認していきましょう。

まず、損益計算書です。

この損益計算書(7)というのは**一定期間に「いくら売った、いくら使った、いくら儲かった」**そういうことを表す計算書です。

次に、貸借対照表(8)というのは、**決算時点で「いま、何を、いくら持っているのか」**を表す一覧表です。

そして、キャッシュ・フロー計算書があります。これはキャッシュ＝お金(9)です。**お金が期中にどのように動いたのか**を表す決算書ということになります。

この三つを、**《財務３表》**と言うのです。これが、そ

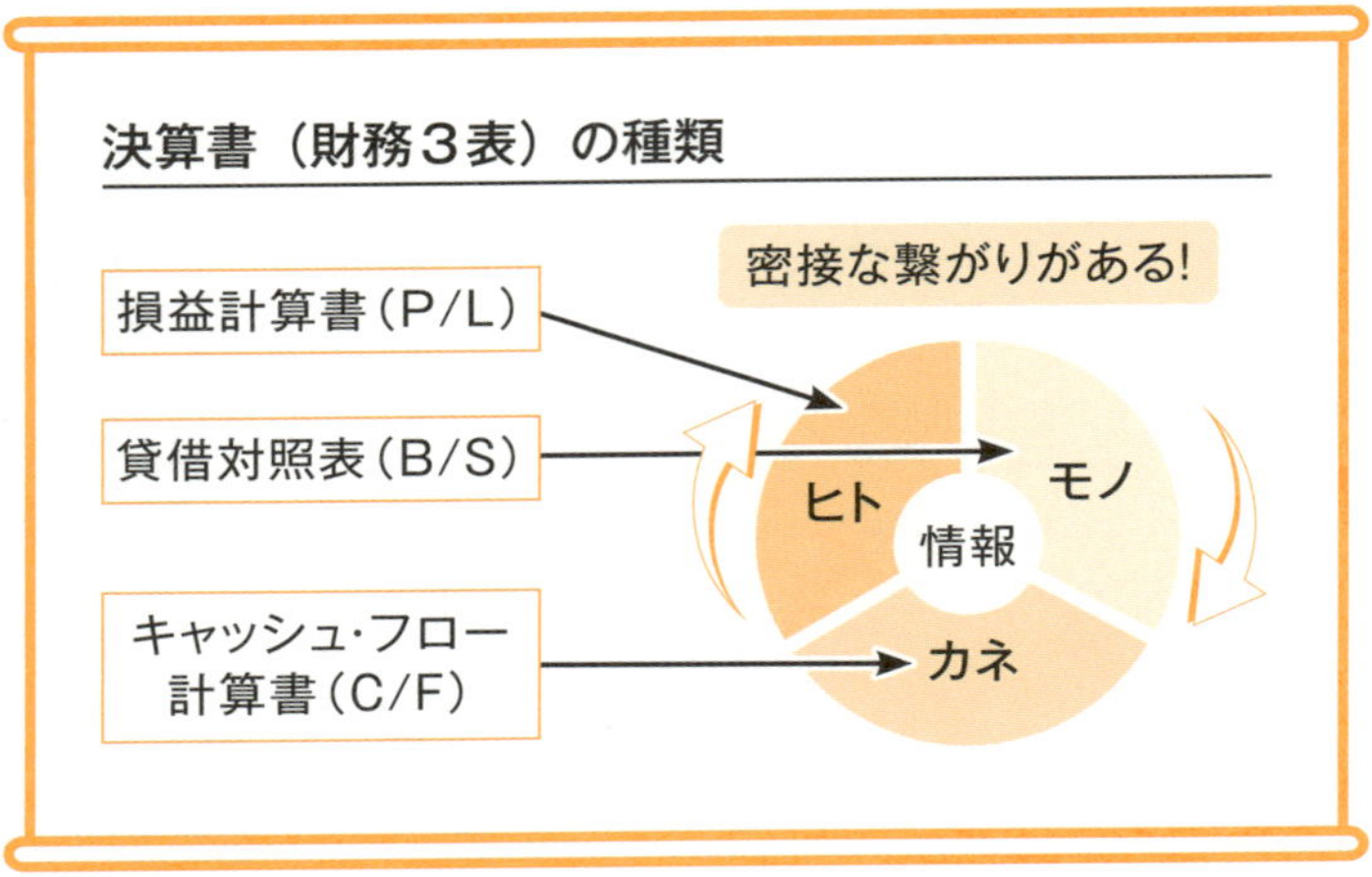

れぞれが単独で存在しているのかというと、そうではないのです。

一つの**会社の実態を、それぞれの面から光を当てて表している**のです。

じゃあ、会社の実態とは何かというと、右のサイクルです。

まず、人がいて、モノを買い、それを販売してお金を手に入れる。そして、また人を雇い、モノを買う。

会社というのは、こういうサイクルで、ぐるぐる回しています。情報を中心に、ぐるぐる回してるという感じです。

この、ぐるぐる回してる状況を「儲かりましたか?」ってとこで損益計算書。「何もってますか?」ということで貸借対照表。そして「お金はどうですか?」とキャッシュ・フロー計算書。

こういう三つの視点から光を当てて、決算書になっています。

これから、これらひとつひとつが、どういう構造になっているのかを見ていきましょう。

(7)「損（費用）」と「益（収益）」から純利益を計算する計算書です。

(8)「資産」と「負債」その差額である「純資産（資本）」の状況を表した表です。

(9)厳密には、普通預金や3カ月以内の定期預金が含まれるなど、お金とは異なる部分がありますが、大きく異ならないので省略します。

08 貸借対照表と損益計算書の様式

ここでは、財務3表のうちの『貸借対照表と損益計算書の様式[10]』をザクっと、大まかに捉えていきましょう。

まず、損益計算書からです。

損益計算書は、基本的にこういう形になっていて、一定期間の儲けを表しています。

なので、1年の間に「どういう活動で、いくら儲けましたか?」っていう利害関係者からの質問[11]に対する答えなんです。

「うちの会社は、3万円の費用をかけて、4万円の収益を得て、1万円の利益[12]が残りました」っていうことをこの損益計算書が表しているわけです。

貸借対照表と損益計算書の様式

損益計算書（P/L）

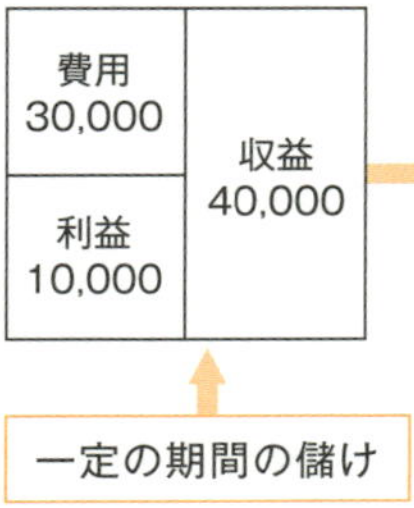

損益計算書（P／L※）

売上原価　10,000 給　　料　5,000 広 告 費　15,000	売　　上　30,000 受取利息　10,000
利　　益　10,000	

※ Profit and Loss Statement

ただ、この**《費用・収益・利益》だけでは情報として足りません。**同じ収益でも「売り上げて4万円」というなら、「来年も頑張って売るかな」って思いますね。

しかし、この収益が、〝先祖伝来の土地を売却して4万円の収益です〟という話になると、そんな先祖伝来の土地を、来期も売れるわけないですから「来期はどうだろう?」という話になるでしょう。

つまり、売上と土地売却益とでは同じ利益でも全然意味が違います。

なので、この**《費用・収益・利益》を、もっと細かく表すことになります。**

これが、損益計算書の形になります。

例えば、右の損益計算書が表しているのは、売上原価(13)。1万円を使い、従業員に5千円の給料を支払い、そして広告に1.5万円を使った結果、3万円の売上が得られましたと。その他に、利息を1万円もらいました。その結果、利益は1万円残ったんです。

こういうふうに、損益計算書では、より細かい項目で表します。こうしないと、利害関係者としても収益の総額だけでは大ざっぱすぎて、会社の状況が分からないのです。

(10)キャッシュ・フロー計算書は後回しにします。

(11)利益が配当の財源になるので、株主は気にします。また、なんといっても税務署が気にします(笑)

(12)収益がグロス(総額)で、利益はネット(純額)です。

(13)売った商品の購入原価。

次に、貸借対照表はこんな姿をしています。

左に資産があって、右上に負債があって、右下に純資産があります。

これは、一定の日の財政状態を表しています。

つまり、利害関係者は、**「あなたは、どんなものを、いくら持っているんですか」**と聞きたいのです。それに対する**答えが貸借対照表**です。

なので、10万円の資産(14)をもってます。誰かに返さなきゃならない負債(15)が2万円。この差額が8万円。この8万円は他人に返す必要のないもの(16)。貸借対照表はこういう形になってます。

これもやっぱり、資産10万円といったところで、現金を10万円もっているのと、土地を10万円持ってるのとでは意味が違います。

現金をもってるなら、2万円の負債をすぐに支払えま

貸借対照表と損益計算書の様式

貸借対照表（B/S）

資産 100,000	負債 20,000
	純資産 80,000

一定の日の財政状態

貸借対照表（B／S※）

現金　20,000	借入金　20,000
預金　30,000	
車両　10,000	資本金　80,000
建物　40,000	

※ Balance Sheet

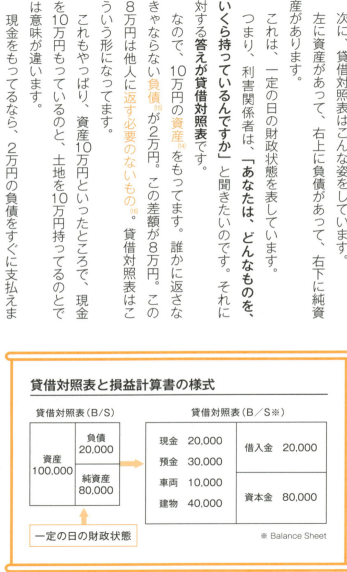

す。

しかし、土地を持ってるのでは、土地10万円で2万円の負債を支払おうと思っても、一旦売却して、その代金でという話になりますから、すぐには支払えないですよね。

なので、こういった項目をより詳しく見る必要があるのです。

その、詳しく表したものが貸借対照表です。

例えば、資産が10万円なんですけど、そのうち現金2万円、銀行には預金が3万円ある。1万円の車、4万円の建物を持っていて、トータルで10万円なんですと。

負債は、銀行から借りたお金が2万円です。

資産と負債の差額が8万円。これは会社が自由に使える資本。資本金です。

こんなふうに、より細かく表したものが、貸借対照表の姿[17]ということになります。

まずは、こんなところを、ザクっと捉えておいてもらって、次に、貸借対照表と損益計算書の関係を見ていきましょう。

(14)モノ、カネ、権利。売却可能なもの。

(15)いつ、誰に、いくら返すかが決まっているもの。債務。

(16)純資産、資本といい、元手でもあります。

(17)ここでは、おおざっぱに見ておいてもらって、後で詳しく見ていくことにします。

ポイント

●損益計算書（P/L）は、一定期間（当期）の儲けを表す。右に収益。左に費用。差額が利益。
●貸借対照表は（B/S）は、一定の日（決算日）の財政状況を表す。左に資産。右に負債。差額は純資産。

09 貸借対照表と損益計算書の関係

今まで、貸借対照表と損益計算書の様式を見てきましたが、ここでは、この二つの関係をしっかり捉えていきたいと思います。

まず、前期末＝当期首。1年の始まりの段階で左図のような貸借対照表がありました。

そして、この1年の間にこんな収益・費用の動きがありました。そうすると、当期末の貸借対照表は右図のようになりました。この関係を身近な例でみてみましょう。

例えば、前期末の貸借対照表、これが**当期首**ですので、これを1日の『**朝**』と仮定しましょう。

朝起きたときに、資産として、現金なら現金を

貸借対照表と損益計算書の関係

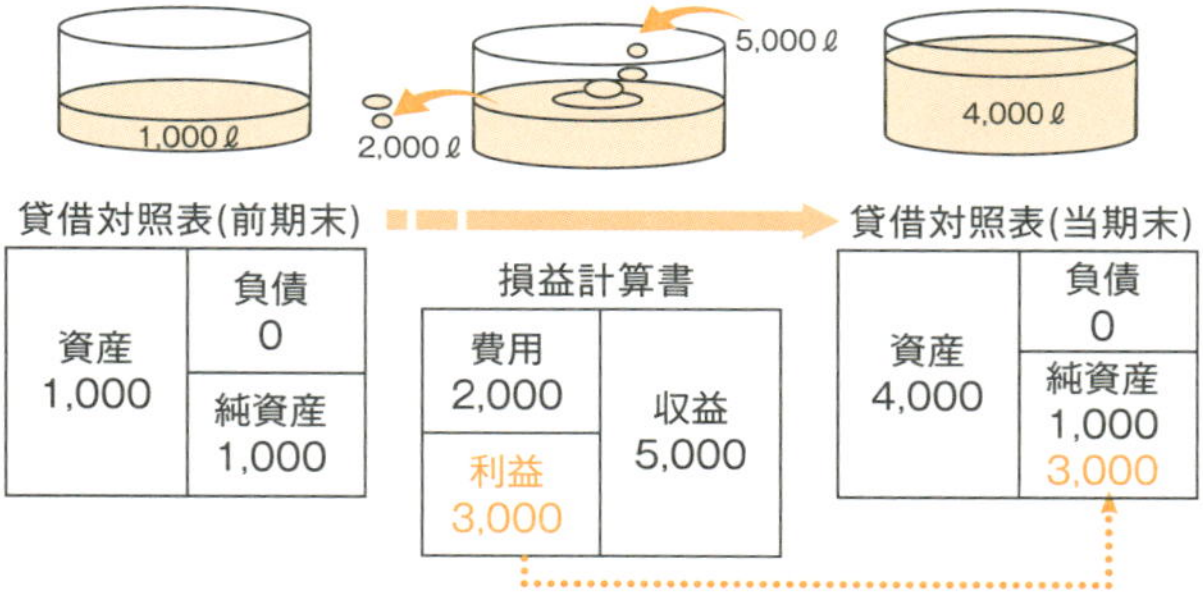

千円持っていた。負債、借金など誰かに返さなきゃいけないものはまったくない。そうすると、差額で純資産(18)が千円あります。こういう状態から始まったとしましょう。

そして今日1日、活動します。

皆さんがアルバイトをして5千円もらったとしましょう。これは、売上（収益）です。そして、朝食代、昼食代、交通費、そういったものに2千円使ったとしましょう。そうすると、今日1日で考えると、5千円の収入（収益）を得て、2千円のコスト（費用）がかかり、結果的に3千円の利益が残ってますね。

これが**今日1日の動き**です。これを表すのが損益計算書です。

さあ、そうすると、朝、千円持っていて、今日1日で5千円入ってきて、2千円使って、3千円残った。

そうしたら、今日の夜（当期末）にはどうなってますか？　夜には、3千円、これが純資産のところに入ってきます。そして、資産は朝、千円しか持ってませ

(18)純資産＝資産－負債でしたね。

んでしたが、この1日の間に3千円手に入れました。したがって、夜には4千円分の資産を持っています。

そして、負債はないので、純資産が4千円という構造になっています。

この関係をしっかり、イメージしてもらうために、水の図を作ってあります。

まず、純資産です。一番最初に千リットルありました。そこに5千リットル入れました。収益です。しかし、2千リットルは使いました。つまり、3千リットル増えたわけです。そうすると、ほら、夜には水が4千リットルありますね。

こういう構造[19]になっています。

この構造で特に意識してもらいたいのは、**損益計算書の利益**です。

この利益3千円というのは、**結局、貸借対照表の純資産の増加**という形になっています。

以上を、損益計算書と貸借対照表の関係ということで把握しておいてもらって、

これから、これらをもう少し詳しく見ていくことにしましょう。

(19)この水が自然に蒸発していくのが税金です（笑）

10 貸借対照表の本質と構造

いよいよ、『貸借対照表の本質と構造』というお話しをしていきましょう。

貸借対照表の様式は、こんなものですよという話はしてきました。

では、この様式で一体何を表しているのか。その前に、資産とはなんだ負債とはなんだ純資産とはなんだ、そういったところも、ここでみておきましょう。

まず、**貸借対照表は左側に「資産」**が入ってます。資産というと、今ひとつ馴染みがないんじゃないかと思うんですが、より**一般的な表現をすると「財産」**ということになります。

貸借対照表の本質

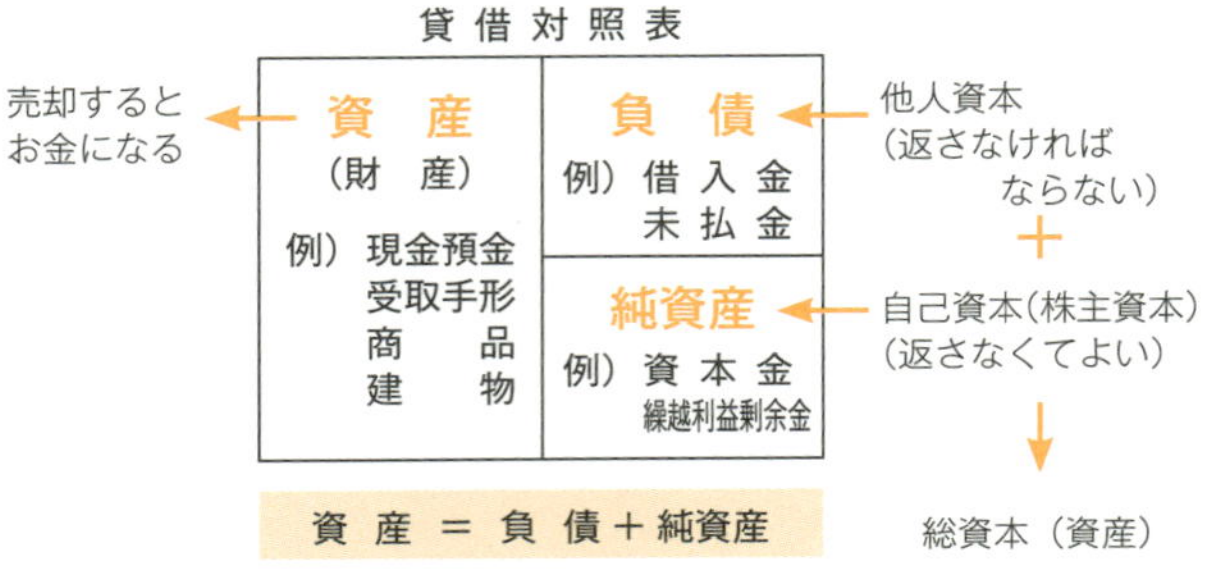

皆さん、財産というとどんなものですか？　財産というのは、基本的には売却するとお金になるもの[20]です。

財産は、貸借対照表の左側に一通り並んでいます。もちろん、現金預金、現金そのものも財産、資産です。

対して右側。**右側の上部には、「負債」**があります。

負債というのは、**別の言い方をすると「債務」**です。

債務というのは「いつ、誰に、いくら返さなければならないか決まっているもの」です。

例えば、学生の時に奨学金を借りた[21]とします。すると、卒業と同時に、いつ＝卒業後○年間で、誰に＝○○育英会に、いくら＝借りた額、と決まりますね。

つまり、奨学金はその人にとって債務なわけです。

逆に、学生時代に親から受けていた仕送りは債務かというと、いつ＝うーん、親が生きているうちにでしょうかね。誰に＝まあ親ですかねえ。いくら＝親からの仕送りに対していくら返せばいいかっていわれても困りますよね。

(20) よく、芸能人が離婚すると、財産分与が話題になります。夫婦である期間に2人で作った財産は、別れた時に、分けましょうという、財産分与。財産は売却するとお金になるものなので、夫婦で分けましょうっていう話です。

(21) 「奨学金をもらった」と言ったりしますが、多くは後で返しますよね。

そうすると、親からの仕送りは、いつ、誰に、いくら返すって決まっていない。なので債務ではないんです。

最後に**「純資産」**ですが、**財産（持ってるもの）から、債務（支払わなければならないもの）を引いた部分**、この部分が**元手**になる分です。

元手になる、つまり返さなくていいものが「純資産」です。

例えば、1千万円の資産（財産）があります。しかし、負債（債務）が9百万円あります。だとすると、自由に使えるのは百万円だけです。この自由に使える部分[22]が、純資産という構造になっています。

なので、持ってるもの（資産）、返さなければならないもの（負債）、自由に使えるもの（純資産）、これでバランスして[23]います。

貸借対照表の本質

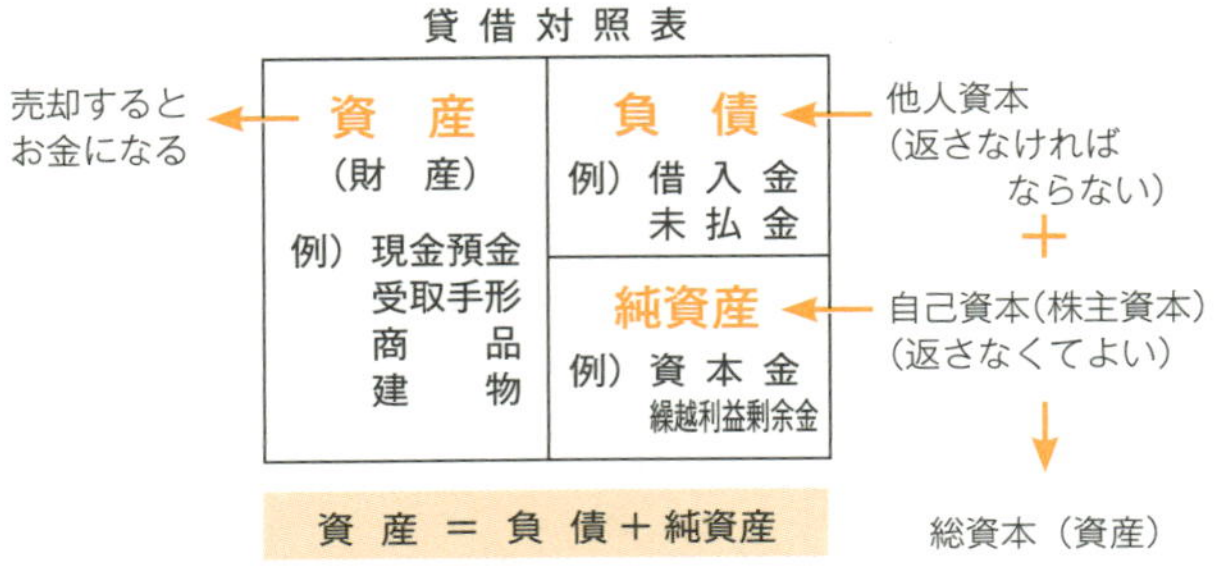

だから、貸借対照表はバランスシート(24)ともいわれB/Sと略されます。

この貸借対照表が、何を表しているのかというと、実は、お金が右から左へ流れた痕跡(25)なんです。

まず、貸借対照表の右側です。これは、**資金の調達源泉**といわれるんですが、会計的な表現なんで、もっと単純ないい方をすると、要はお金の出処(26)です。

仮にこの会社に現金が1億円あるとしましょう。1億円の現金があるとしたときに、なぜあるのか、その出処はどこかという話が右側です。

例えば、銀行から借りてきたから1億円あるんだとすると、負債で借入金1億円です。

また、商品を買いました。買ったけど、まだお金を払ってないんです。だから1億円あるんです。そうすると買掛金ですね。

土地とか有価証券を買いました。買ったんだけどまだお金を払っていない。だから1億円あるんです。だと、未払金なわけです。

従業員の退職金のためにお金を残してるんです。だから今1億円あるんです。

(22)自由に使える現金そのものは資産です。自由に使える部分（金額）を純資産といいます。

(23)もちろん、持っているものから、返さなければならないものを差し引いたものが純資産＝元手ですから、当然、右と左の金額は一致する。バランスします。

(24)Balance Sheet

(25)簿記を学んできた方も、貸借対照表をそういう目では見てきていないと思いますが、貸借対照表はそういうものなんです。

(26)どこからお金がきたのかを、貸借対照表の右半分が表しています。

これは、退職給付引当金になります。

さらに、株主がくれたから今1億円あるんです。これなら資本金1億円です。

自分で稼いだ利益。利益で1億円あるんです。ということだと、繰越利益剰余金1億円となります。

こういうふうに、**会社にあるお金が、どこから来たのかを表しているのが右半分**です。

そうして、この**右半分は**、返さなければならないお金なのか、返さなくていいお金なのかで、**二つに分かれます**。

返さなければならないものが**負債**。返さなくていいものが**純資産**。こういう構造になっています。

これが、右半分のお話です。

あと、負債のことを他人資本。純資産のことを自己資本という表現を使うこともありますが、この**「資本」を「お金」と置き換えてください**。

そうすると**「他人資本」は「他人のお金」**なので、当然返さなければならない。

負債のことです。**「自己資本」**は**「自分のお金」**なので、返さなくていい。

こういうことになります。

「他人のお金」と「自分のお金」を合わせたものを**「すべてのお金」**ということで**総資本**。総資本は、負債と純資産の合計ですから、当然、**資産の金額に一致**します。

これが、貸借対照表の右半分の形ということになります。


では、左半分はどうなってるのか。資産ですね。

この資産を、お金の動きという視点で見ると、これは1億円なら1億円あったものが、決算日現在、どんな形になってるのか。これを左半分が表しています。

会計的ないい方をすると、**運用形態**といいますが、もっと単純にいうと、**「お金の使い途《みち》」**です。何に使っているのかを表すのが左半分です。

例えば、今、1億円あったとしましょう。この1億円で商品を買った。そうすると商品1億円ですね。この1億円で建物を買ってたら、建物1億円です。備品を買ってたら備品、土地を買ってたら土地ですね。さらに、銀行に預けてあれば預金。金庫に眠っていれば現金なわけです。現金になる前の受取手形になっている、ということもあります。

だから、この1億円が今現在、どんな姿をしてるのかは、左半分が表しているわけです。

全体から見ると、**右側から左側に**お金が流れた。**お金が流れた痕跡がこの貸借対照表**だということになるわけです。

こういうところを、まず、理解しておいてもらいたいと思います。

さあ、こんなことを考えてみましょう。

どちらの貸借対照表の方がいいですか？

資産は一緒です。右側の負債と純資産の大きさが違います。

左側は負債が大きくて、純資産が小さい。右側は負債

どちらの貸借対照表の方がいいですか？

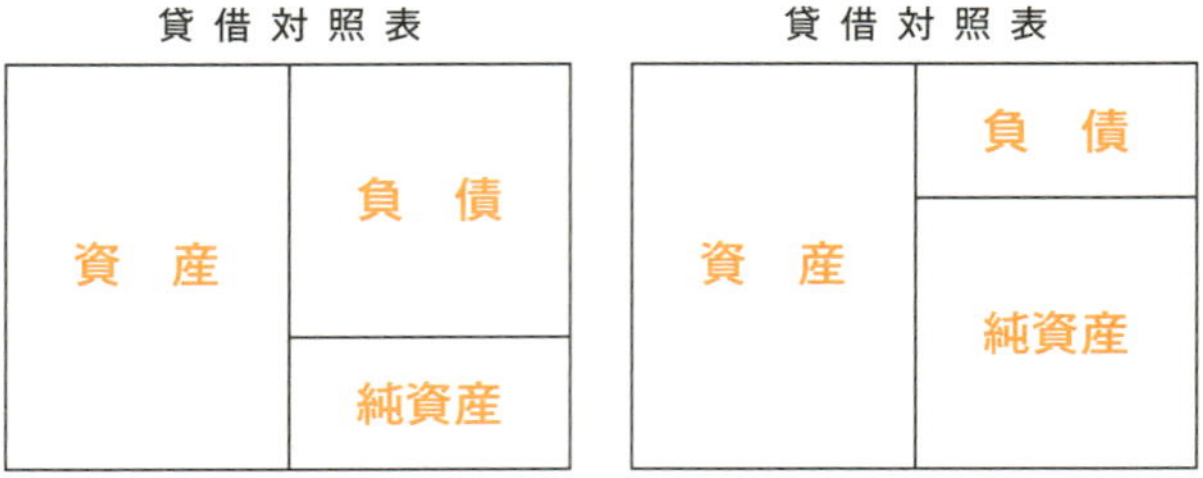

が小さくて、純資産が大きい。

さあ、どちらがいいですか？

そりゃぁ右側ですよね。

だって、資産持ってるのが1億円なら1億円で同じ。

対して、負債が2千万で自由に使える純資産が8千万なら、8千万円が負債で、2千万円が純資産っていうよりも絶対いいですよね。

こうやって、お金が右から左へ流れた痕跡なんだということが分かれば、まずパッとみた段階で**「あ、右の会社がいい会社」**とすぐに分かります。

そうすると、じゃあ「資産は資産で、現金も土地も一緒か？」というと、これは違うってご存知ですよね。負債だって「すぐに支払わなければならないものと、長ーく借りていられるものは一緒か？」って、これも違いますね。

そこで、この資産と負債をもう少し分けよう、という話になるります。

これが資産・負債の区分方法です。

資産と負債は、**短期的**なもの（流動）なのか、**長期的**なもの（固定）なのかを**二本のナイフを使って切り分けます。**

まず一本目。**一本目のナイフは《正常営業循環基準》**といいます。

つまり、正常な営業循環っていうと、まずお金があります。そこでモノを買います。モノを買えば、商品になるとともに買掛金にもなるでしょう。そして、その買掛金を支払うときに、支払手形にもなるでしょう。さらに、モノを売ります。売ったら、売掛金や受取手形といった、売上債権になったりします。

この、現金から、商品、買掛金、支払手形、さらに売掛金、受取手形。モノを買ってきて売るという一連の流れが、会社としては正常な営業の流れ[27]、循環なわけです。

そして、この正常な営業の流れの中にある科目は、絶対に流動資産・流動負債[28]になります。

対して、正常な営業循環外。

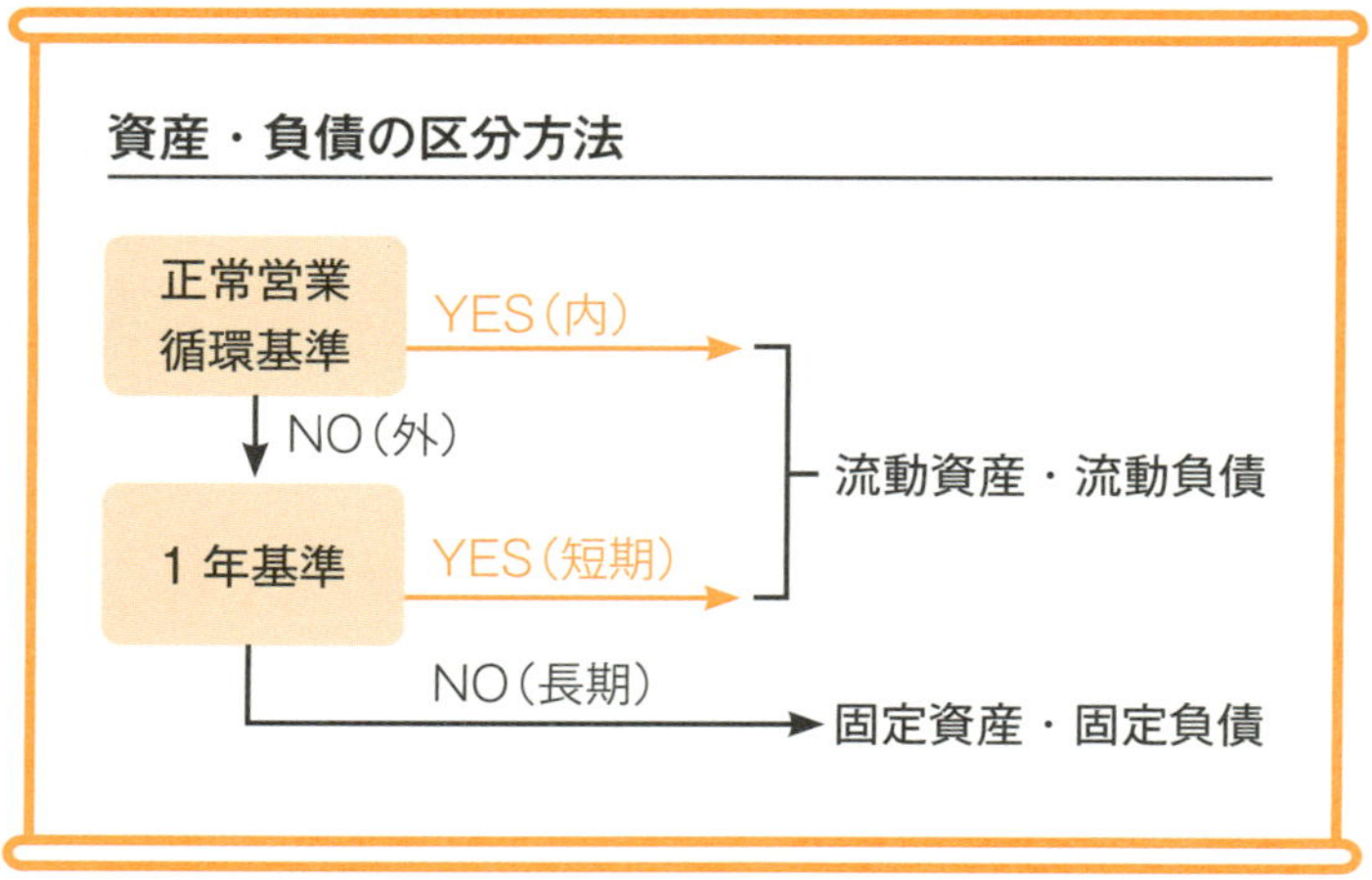

例えば、もらっていた受取手形。これは正常な営業循環の内です。

しかし、これが不渡りになった。もう正常じゃないですよね。だから不渡手形は正常な営業循環外になります。

外になったら、今度は《1年基準[29]》、**二本目のナイフ**の出番です。そして、二本目のナイフで、この不渡手形には**「1年以内に現金化できますか?」**という問いかけが来ます。

それに対して**「YES」**「裏書人がいてすぐに返してもらえます」[30]ということであれば、**《流動資産》**になります。

逆に「この手形は、この後破産手続きがあって一年は超えるなあ」ということになると、「一年以内に現金化できますか?」という問いかけに対して**「NO」**ということになり、《固定資産[31]》となります。こういう形で、流動と固定が分かれていきます。

ただ、会計的にはこうやって二本のナイフで分けるんですけど、実際には、正常な営業の循環の中にあって、1年を超えてから現金化するものなんて、まずないはず[32]です。

(27)この中に前受金や前払金も含まれます。

(28)モノを売って、受け取った手形の満期日までの期間が1年を越えていようとも、この受取手形は流動資産となります。

(29)ワンイヤー(one year)ルールといわれます。

(30)裏書人が居れば、裏書人に請求して手形代金を返してもらえます。

(31)固定資産の「投資その他の資産」の区分に記載されます。

(32)手形の満期までの期間が長いものでも、150日くらいですから、まず1年を超えることはありません。

ということは、実質的に、この**正常営業循環基準で「YES」のものは、1年以内に現金化できる**はずなので、実質は1年基準[33]です。1年以内に現金化されるものが流動資産、1年以内に現金で支払わなければならないものが流動負債。そして、1年を超えて持っているであろう建物だとか備品だとか、そういった類は固定資産、1年を超える借入金は固定負債になります。

もう一つ知っておいてください。

この1年基準、貸借対照表上、短期、長期の区別の基準[34]となります。

つまり、**1年以内のものを《短期》**と表現し、**1年を超えるものを《長期》**と表現することがルールとなっています。

短期、長期の区別は、基本的に1年と知っておきましょ

貸借対照表の構造

	貸借対照表				
	（資産の部）		（負債の部）		
短期的に現金化するもの	Ⅰ流動資産		Ⅰ流動負債		短期的に支払わなければならないもの
	1現金預金	10,000	1支払手形	10,000	
	2売掛金	10,000	2短期借入金	10,000	
	3商品	10,000	3修繕引当金	2,000	
	Ⅱ固定資産		Ⅱ固定負債		長期的に支払えばいいもの
企業の持つ設備	(1)有形固定資産		1社債	20,000	
	1建物	20,000	2長期借入金	20,000	
	2備品	20,000	（純資産の部）		資産と負債の差額
企業の持つ法的権利等	(2)無形固定資産		Ⅰ株主資本		３級・２級で学んできた「資本」
	1のれん	7,000	1資本金	20,000	
	2特許権	3,000	2資本剰余金	8,000	
投資および他に該当しないもの	(3)投資その他の資産		3利益剰余金	8,000	
	1投資有価証券	20,000	Ⅱ評価・換算差額等		
			その他有価証券評価差額金	2,000	
	資産合計	100,000	負債・純資産合計	100,000	

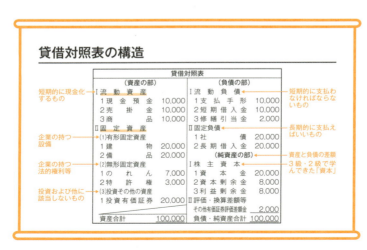

う。

では、ちょっと右の図をご覧ください。

流動資産と固定資産。そして**流動負債と固定負債**。こういう形で分かれていきます[35]。

1年以内の短期のものとして、流動負債には短期借入金[36]とあります。そして、固定負債には長期借入金とあります。

また、固定資産。これがもう少し細かく分かれます。

一口に固定資産といっても、範囲が広く、建物とか備品、実際に形のある有形固定資産[37]。対して、形はないけれども、特許権とか、商標権とか、そういう法律上の権利などで、価値のある無形固定資産[38]。

それ以外のものが、**投資その他の資産**。長期間の投資だとかが、この区分に入ってくることになります。

こんな形で、固定資産はさらに細かく[39]分かれます。

さあ、いいですか。まず、《資産・負債・純資産》と分かれ、そして《資産・負債》

(33)実質的には1年基準というナイフで、切り分けてるというイメージをしていいでしょう。

(34)貸借対照表上で短期借入金とあれば、1年以内に返す借入金。長期借入金とあれば1年を超えてから返せばいい借入金。という関係になっています。

(35)正常営業循環基準と1年基準でこうやって分かれてることを確認してください。

(36)1年を基準にして上下に分かれています。

(37)土地も有形固定資産となります。

がそれぞれ《流動・固定》に分かれている。こんなイメージをしましょう。

では皆さん、下の図を見てください。

これ、**どちらの貸借対照表の方がいいでしょう？**

今度は右側が同じです。流動負債、固定負債、純資産、右側の大きさは一緒になってます。

でも、今度は左側が違います。左側が流動資産が大きくて、固定資産が小さいか、流動資産が小さくて、固定資産が大きいか。という違いです。

さあ、どっちがいいですか？　心の中でこっちと思ってくださいね。

右と思った人も左と思った人もいると思います。でも、普通に考えたら、**左の方がいい**んです。左の方がいい会社なんです。

どちらの貸借対照表の方がいいですか？

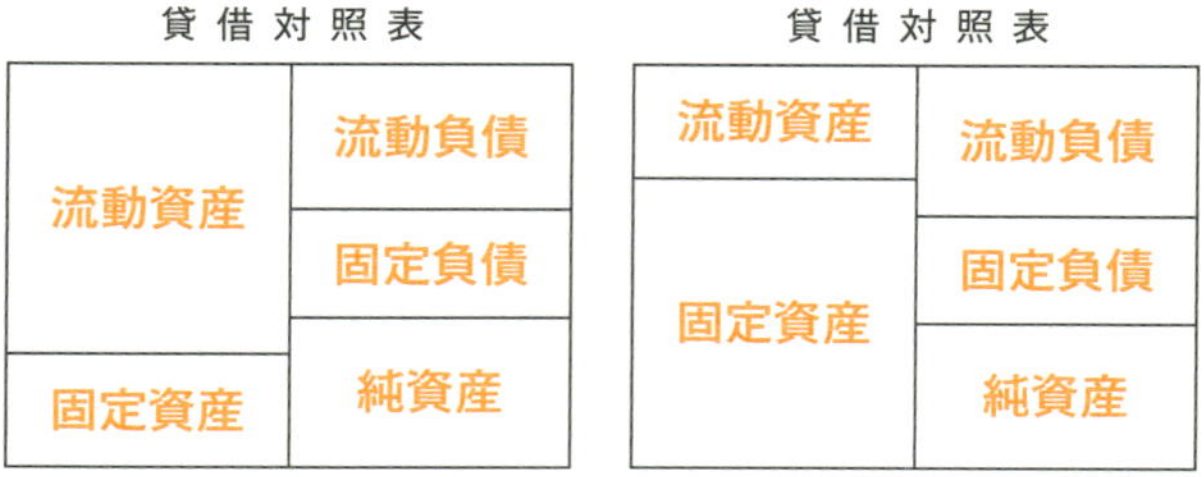

それはなぜか。流動資産は1年以内に現金化するものですよね。1年以内に現金化する流動資産は、1年以内に現金で支払わなければならない**流動負債どころか、1年を超えて支払う固定負債の分まで、流動資産でまかなえている**わけです。なので、基本的に余裕があるわけです。

見方を変えると、純資産は、返さなくていいものなので、**返さなくていい純資産で、1年以内に現金化しない固定資産をまかない切ってます**。これなら、固定資産がいくら現金化しなくても平気ですね。

なので、**余裕がある**わけです。

つまり、固定資産と純資産の差の部分がこの会社の**楽の種**です。楽していると いう状況です。

対して、右側を見てください。

右側の貸借対照表は、流動資産と流動負債と比べて、流動負債の方が大きい状態です。

つまり、1年以内に現金化できる**流動資産と**、1年以内に返さなければならない流動負債を**比べて**、1年以内に返さなければならない**流動負債の方が大きい**と

(38)会社はその特許なら特許、商標なら商標を使って自社だけがビジネスができます。それは、自分だけが備品を使ってビジネスしているというのと同じです。

(39)いずれにしても1年以内に現金化されないであろうことは共通しています。

いう状況です。

さあ、皆さんならどう対応しますか？

例えば、固定資産に土地を持っていたら、それを売却し、現金にして、この流動負債を返すとか。そんなことも考えられるでしょう。

ただ、流動資産の中には商品が入っています。商品は、原価で計上されています。でも、売れば売価[40]になって、売掛金になり、そして現金になります。

その膨らんだ分で流動負債が返していけるという状況も起こるでしょう。

いずれにしても、単純に流動資産と流動負債の関係で見ると、流動資産と流動負債の差分が基本的に苦しいんです。**苦の種**です。

なにがしかの手当を考えないといけない、ということになります。

こういうところで、まず貸借対照表の構造で流動と固定と、それから純資産といった区分の意味が分かれば、それだけでも、会社の状況に対して、これだけの把握ができるのです。

まずはここまでを、本質として分かってもらえたらと思います。

(40) 例えば、原価70円のものを、百円で売ったら、30円流動資産が膨らみます。

貸借対照表の構造

貸借対照表

NS商事株式会社　×2年3月31日　(単位：円)

資産の部			負債の部		
Ⅰ流動資産			Ⅰ流動負債		
現金預金		10,000	支払手形		20,000
受取手形	9,000		買掛金		18,300
電子記録債権	7,000		短期借入金		5,000
売掛金	6,000		リース債務		4,000
貸倒引当金	2,000	20,000	未払費用		300
有価証券		5,000	未払金		700
棚卸資産		4,000	未払法人税等		5,000
貯蔵品		1,000	賞与引当金		2,000
前払費用		1,200	前受収益		200
未収収益		100	一年内償還社債		20,000
短期貸付金	15,000		営業外支払手形		4,500
貸倒引当金	1,000	14,000	流動負債合計		80,000
流動資産合計		55,300	Ⅱ固定負債		
Ⅱ固定資産			社債		94,000
1有形固定資産			退職給付引当金		20,000
建物	100,000		資産除去債務		6,000
減価償却累計額	10,000	90,000	固定負債合計		120,000
土地		120,000	負債合計		200,000
リース資産	50,000		純資産の部		
減価償却累計額	15,000	35,000	Ⅰ株主資本		
有形固定資産合計		245,000	1資本金		100,000
2無形固定資産			2資本剰余金		
のれん		3,000	(1)資本準備金	2,000	
ソフトウェア		2,000	(2)その他資本剰余金	1,500	
無形固定資産合計		5,000	資本剰余金合計		3,500
3投資その他の資産			3利益剰余金		
投資有価証券		4,700	(1)利益準備金	1,000	
関係会社株式		27,000	(2)その他利益剰余金		
破産更生債権等	15,000		任意積立金	5,000	
貸倒引当金	12,000	3,000	繰越利益剰余金	41,000	
繰延税金資産		10,000	利益剰余金合計		47,000
投資その他の資産合計		44,700	4自己株式		△500
固定資産合計		294,700	株主資本合計		150,000
			純資産合計		150,000
資産合計		350,000	負債及び純資産合計		350,000

最後に、図の貸借対照表の構造を見ておきましょう。こんな形になっています。いろいろな科目が入ってますが、細かくするとこうなるというところを見てもらえたらと思います。

以上で、貸借対照表の本質という話は終わりです。

ポイント

- 貸借対照表は右から左にお金が流れた痕跡。
- 右が資金の出処。負債は要返済。純資産（資本）は返済不要。
- 左が資金の使い途。
- 流動と固定の区分は、1年以内に現金化するかどうかで分かれる。

11 損益計算書の本質と構造

続いて、『損益計算書の本質』を見ていきましょう。

損益計算書というものは、結局「何で、いくら儲けましたか?」という問いかけに対する答えになる決算書です。

これまで、皆さんが見てきた損益計算書は、右側に収益があって、左側に費用があって、差額で利益[41]がありました。

でも、それだけだと、結果的な利益は分かっても「何で、いくら儲けましたか?」という問いの「何で[42]」の部分が分かりません。

そこで、それは商品を売って儲けたのか、土地を売っ

損益計算書の本質

損益計算書

営業損益計算	Ⅰ売上高	100,000
	Ⅱ売上原価	60,000
	売上総利益	40,000
	Ⅲ販売費及び一般管理費	30,000
	営業利益	10,000
経常損益計算	Ⅳ営業外収益	2,000
	Ⅴ営業外費用	5,000
	経常利益	7,000
純損益計算	Ⅵ特別利益	1,000
	Ⅶ特別損失	3,000
	税引前当期純利益	5,000
	法人税、住民税及び事業税	2,000
	当期純利益	3,000

て儲けたのか、利息をもらって儲かったのか、そういったことをちゃんと分かるようにするために、損益計算書を三つ[43]に分けます。

まず、**売上高から**売上原価を差し引いたら、売上総利益になり、さらに販売費と一般管理費を差し引いたら、**営業利益**になる。ここまでを**営業損益計算**といいます。

そして、この営業利益に、営業外収益を足して、営業外費用を引いて**経常利益になる**。この部分を**経常損益計算**といいます。

さらに、特別利益をプラス、特別損失をマイナスして、最終的に**当期純利益になる**、これを**純損益計算**といいます。

こういうふうに、区分して利益も分けて計算することによって、**何によって儲かったのかという「何で」っていう部分が分かるようになっています。**

それでは、それぞれの計算区分を見ていきましょう。

(41) 当期純利益

(42) いくら儲けたかという結果しか分からないです。

(43) ここではザクッと大まかに見ておきましょう。

(44) 売上の獲得とそれに係る活動

(45) 年商とも言われます。

まず、営業損益計算の区分です。

営業損益計算の区分は、その会社が行った主目的たる営業活動[44]、によって生じる損益を記載して営業利益を計算する区分です。

まず、**売上高**です。

売上高、これは**「期中に販売した商品の販売代金の合計」**です。

80円のものを買ってきて、100円で売った。この100円、これが売上高ですね。

これを1年分集めたものが、1間の売上高[45]。この売上に対して、原価があります。

そして、**売上原価**というのは、80円のものを買ってきて、100円で売ったときの80円の方です。

つまり、**「期中に販売した商品の購入原価の合計」**で売上を上げるために**不可避のコスト**ということになりま

損益計算書の構造

営業損益計算

Ⅰ売上高		100,000	……期中に販売した商品の販売代金の合計。
Ⅱ売上原価			
1. 期首商品棚卸高	10,000		
2. 当期商品仕入高	70,000		
合計	80,000		
3. 期末商品棚卸高	20,000	60,000	……期中に販売した商品の購入原価の合計。
売上総利益		40,000	……商品の販売益。粗利(あらり)と呼ばれることもある。企業のもつ商品の販売力を示す。
Ⅲ販売費及び一般管理費			……販売費と一般管理費は厳密に区別することが難しいため、このように同一の区分になっています。
1. 給料	15,000		
2. 支払家賃	5,000		
3. 貸倒引当金繰入	2,000		
4. 減価償却費	8,000	30,000	……当期の売上収益を獲得するためにかかった費用。営業費。
営業利益		10,000	……売上の獲得(本来の営業活動)によって得た利益。企業の営業力を示す。

す。これが売上原価(46)。そして売上高から、売上原価を差し引いたものを**売上総利益**と言います。

これは、**商品の販売益**です。そして、**粗利**《あらり》ともいわれます。

つまり80円の商品を買ってきて100円で売ったときの20円、これが売上総利益、いわゆる粗利です。

粗利は、企業が持つ、商品の商品力を示す(47)ものです。ブランド品をイメージしてください。

昔、私、本当に驚いたんですけど、単なる透明のビニール(48)でできた、中が見えるバックがあったんです。中が見えるだけで、嫌な気がする(49)んですが、そこに、ブランド名が書いてある金属板がパチッと貼ってあるだけなんです。このバックが、2万円っていう値段で売られてるんですね。あれは驚きました。どう見てもビニールだし、中身が見えて不便じゃないの？　って思うんですが、それが高額で売れるわけです。

そういう、ブランド品をイメージすると、普通に考えたら、作る原価は安いはずです。作る原価は安いんだけど、高く売れる。売上総利益がドカーンと上がる

(46)会計的には「期首にあった商品に当期買ってきた商品を足して、期末の商品を引いたもの」となります。

(47)商品販売業では、付加価値の合計を表すとも言われます。

(48)私にはそう見えたのですが……。

(49)中身を隠すためにカバンを持っているような気がしている。

わけです。

つまり、**売上総利益の割合は**、その会社の持っている**商品の商品力を表す**ことになります。

なので、売上総利益の割合が高い会社というのは、商品力が高い商品を持っている。

逆に、売上総利益の割合が低い会社っていうのは、商品力は持っていない[50]ということを売上総利益の割合から見ることができます。

次に、売上総利益から販売費及び一般管理費[51]を差し引きます。**販売費と一般管理費**、この二つは厳密には分けられないものです。**厳密に分けられないので、一緒になっています。**

例えば、車で、高速道路を走っていると、周囲のビルの上に、看板がありますね。あの看板をイメージしてください。

あの看板は、ビルに作ってあって何年も使うわけですから、固定資産です。固定資産ですから、減価償却費[52]が出ているはずです。

看板を維持するための減価償却費なわけです。

(50)営業力を持ってたりします。

(51)《営業費》《経費》ともいわれ、販売するための費用と維持するための費用＝一般管理費です。

(52)使用や時の経過による固定資産の価値の減少を費用化したもの。一般管理費、維持費の代表例です。

でも、看板なんです。看板代は広告費ですから。

広告費は、販売費でしょ。売るための広告ですから。

そうやって考えると、あの看板の減価償却費は一般管理費なのか、販売費なのか分かんなくなるんです。分かんなくなるので、**会計上も諦めました。分けないんです。**

分けずに、販売費及び一般管理費として、一緒にします。

そして、それが一般にいう営業費です。

でも、共通していることは、当期の売上収益を獲得するためにかかったコストだ、ということです。

この販売費及び一般管理費をまとめて、売上総利益から差し引いたものを営業利益[53]といいます。

この営業利益は、本来の営業活動[54]による成果を表すことになります。

営業利益は、結局、売上高から売上を獲得するために不可避な売上原価と売上の獲得に関する費用《営業費》を差し引いて、計算した利益で、売上に関する利益[55]ということになります。

これが、営業損益計算の区分[56]の内容です。

(53)この営業利益という言葉、ぜひ、知っておいてください。売上総利益もですけど。

(54)売上げの獲得です。

(55)営業利益の「営業」という言葉を「売上」と置き換えると分かりやすいです。

(56)商品力が分かったり、営業的な活動によって得た利益が分かったり、それぞれの経費の内容が分かります。

(57)手形を満期日前に金融機関に売却することを「手形の割引き」といい、このときの手数料が手形売却損です。

次に、この営業利益を受けて、経常損益計算の区分になります。

この区分の**《営業》という言葉を《売上》という言葉に置き換えてみてください。**

すると、**《営業外収益》は《売上外収益》、《営業外費用》は《売上外費用》**となります。

つまり、売上に関係しない収益と、売上に関係しない費用の区分がこの経常損益計算の区分ということになります。

ほら、受取利息、有価証券売却益は、売上に関係ないですよね。

支払利息や手形売却損[57]。利息を払ったらり、手形を割り引いたりしたら売り上げが上がりますか？　上がらないですよね。

だから、営業外、売上外の収益・費用[58]になってるん

損益計算書の構造

経常損益計算	Ⅳ営業外収益			
	1．受取利息	1,000		
	2．有価証券売却益	1,000	2,000	売上以外の収益で、かつ経常的なもの。有価証券利息や受取配当金も含まれる。
	Ⅴ営業外費用			
	1．支払利息	3,000		
	2．手形売却損	2,000	5,000	売上にかかわらない費用で、かつ経常的なもの。支払利息などの財務費用が主。
	経常利益		7,000	当期の経常的な活動によって得た利益。企業の正常な状態の収益力を示す。

です。

これが営業外収益、営業外費用です。

ただし、この営業外収益と、営業外費用は、**毎期経常的に発生する損益であるという点は共通しています。**

そして、この経常損益の意味ですが、その**会社の実力を表す損益**だと言われています。資金があって、運用して利息や配当をもらうのも実力なら、借金があって、利息を支払わされるのも実力。その実力を見るのが経常損益[59]ということになります。

逆に、経常的でないもの[60]は、この区分には入らないんです。

では、経常的じゃないものはどこに行くのかというと、この次です。

(58)販売費及び一般管理費みたいに、広告を出したら売上が上がる。給料を払うことによって人が働いて売上が上がる。という関係のものではないんです。

(59)日本にしかない概念ですが、日本ではとても重視されています。

(60)つまり、臨時的なもの。

(61)特別収益、特別費用とはいいません。臨時的なものなので、利益と損失としています。

純損益計算。経常的ではないということは特別なんです。なので、《特別利益》、《特別損失》[61]です。

例えば、土地の売却益といった**臨時的な利益**、災害による損失といった**臨時的な損失を載せる区分**になります。

こうやって、売上から始まって、売上原価を差し引いて、売上総利益になり、販売費及び一般管理費といった営業費を差し引いて、本業による利益で営業利益になり、そして、本業ではないが経常的な活動による営業外収益をプラス、営業外費用をマイナスして、経常利益となり、そこから、臨時的な利益をプラス、損失をマイナスして、さらに**税金も差し引いて、当期純利益。結果的な当期の利益**、となるのです。

損益計算書は、こういう構造を持ってます。

それぞれの項目と利益の意味。これを、意識しておき

損益計算書の構造

純損益計算	Ⅵ特別利益			
	1．土地売却益	800		
	2．社債償還益	200	1,000	……固定資産の売却益などの臨時的な利益を記載。
	Ⅶ特別損失			
	1．災害損失	2,500		
	2．減損損失	500	3,000	……災害損失などの臨時的な損失を記載。
	税引前当期純利益		5,000	
	法人税、住民税及び事業税		2,000	
	当期純利益		3,000	……当期の結果的な損益。

ましょう。

そうすると、最終的に、当期純利益は同じでも、**より上の方で利益が上がっている方が良い**わけです。

営業利益も経常利益もすごく上がっている。でも、災害で損失になってしまったとすると、来期は災害が起こらないだろうからこの会社は大丈夫だろう。という話になるわけです。

逆も逆で、ずーっと営業利益も経常利益も赤字で、土地を売却してなんとか利益になったとすると来年は土地が売れないよね、って話になり、来年は危ない、という話になっていくわけです。

まあ、こういうふうに、「何で、いくら儲けたか？」を損益計算書を区分することで、分かりやすく表しているわけです。

最後に、細かく見ていくとこうなります。

どんな項目が、どこに入るのかなというあたりは、一度一覧していただけたらと思います。

以上で、この損益計算書の本質の話を終わっておきます。

損益計算書の構造

NS商事株式会社　　損益計算表

自　×1年4月1日　至　×2年3月31日　（単位：円）

I 売上高		300,000
II 売上原価		
1 期首商品棚卸高	50,000	
2 当期商品仕入高	200,000	
合計	250,000	
3 期末商品棚卸高	55,000	
差引	195,000	
4 商品評価損	5,000	200,000
売上総利益		100,000
III 販売費及び一般管理費		
1 営業費	7,000	
2 給料	5,000	
3 貸倒引当金繰入	1,000	
4 減価償却費	10,000	
5 修繕費	500	
6 広告宣伝費	500	
7 貸倒損失	100	
8 退職給付費用	1,900	
9 ソフトウェア償却費	500	
10 棚卸減耗損	500	
11 賞与引当金繰入	2,000	
12 支払リース料	11,000	40,000
営業利益		60,000
IV 営業外収益		
1 受取利息	3,000	
2 有価証券運用益	2,000	
3 為替差益	5,000	10,000
V 営業外費用		
1 支払利息	1,200	
2 社債利息	1,300	
3 手形売却損	2,000	
4 保証債務費用	500	5,000
経常利益		65,000
VI 特別利益		
1 固定資産売却益	2,000	
2 社債償還益	500	
3 保険差益	500	3,000
VII 特別損失		
1 火災損失	1,000	
2 固定資産除却損	3,000	
3 減損損失	4,000	8,000
税引前当期純利益		60,000
法人税、住民税及び事業税		25,000
当期純利益		35,000

ポイント

- 売上高に対して、必須なコストが売上原価。関係するコストが販売費及び一般管理費。
- 売上高に直接に関係はしないが、経常的に発生するのが営業外損益。臨時的なものが特別損益。
- 売上総利益は商品の販売益。売上による利益が営業利益。
- 会社の実力を示す経常利益。結果的な利益が当期純利益。

12 キャッシュ・フロー計算書の構造と意味

第1部の最後に、キャッシュ・フロー計算書のお話をしておきましょう。

実は、キャッシュ・フロー計算書は財務3表の中で、一番分かりやすい[62]決算書なんです。

感覚的にいうと、**おこづかい帳**。**家計簿**です。

例えば、皆さんどこかに住んでいますよね。隣の家の、家計簿を見たら、隣の家の状況が分かるでしょ。

「うわー。貯め込んではるな」とか、「キツキツやなあ」とか。そういうのって分かるじゃないですか。キャッシュ[63]・フロー計算書はそういうレベルで分かりやすい計算書なんです。

キャッシュ・フロー計算書

キャッシュ・フロー計算書

Ⅰ 営業活動によるCF	
営業収入・営業支出	
小　計	×××
税金の支払、その他	
計	×××
Ⅱ 投資活動によるCF	
固定資産・有価証券・貸付金の増減による収支	
計	×××
Ⅲ 財務活動によるCF	
社　債・借入金・株　式の増減による収支	
計	×××
Ⅳ 現金等換算差額	×
Ⅴ 増減額	×××
Ⅵ 現金等期首残高	×××
Ⅶ 現金等期末残高	×××

このキャッシュ・フロー計算書は、大きく三つに分かれています。

まず一番上が、**営業活動によるキャッシュ・フロー**。二番目が、**投資活動によるキャッシュ・フロー**。三番目が、**財務活動によるキャッシュ・フロー**です。いずれの区分にしても**キャッシュ・フロー≒現金の動き**（フロー）なんです。

現金の動きというと、収入・支出ですが、それを営業活動に関する現金の収支、投資活動に関する現金の収支、そして、財務活動に関する現金の収支と三つに区分して見ていくことになります。

その下では、現金等の換算差額[64]を加味し。これは、最終的な当期の増減額となり、それに期首のキャッシュを足して、期末のキャッシュになる。こういう構造[65]になっています。

まず**「営業活動によるキャッシュ・フロー」**からみていきましょう。結局、中身としては**営業収入と営業支出**です。

まず、営業収入ですが、《営業収入＝売上》ではないので、当期に売っていても、当期に回収しなかったらキャッシュにならないので、キャッシュ・フロー上はカウントされません。

(62)他の計算書とは出身地が違って、アメリカの方って、単純明快なことが好きだったりしますよね。あの単純明快さを持っている、そういう計算書なんです。ちなみに損益計算書、貸借対照表はドイツ出身だったりします。

(63)現金預金とは若干範囲が異なりますが、キャッシュ≒現金預金と見て、違いは、特に気にしないで見ていきましょう。

(64)例えば百円で入手した1ドル紙幣が、今120円になったとすると換算差額で＋20円が出てきます。

(65)下の部分はそんなに気にせずに、上三つを意識してもらえたらと思います。

逆に、前期に売っていても、当期に回収していれば、それは当期のキャッシュ・フローにカウントされます。

なので、売上ではないんです。あくまでも現金＝キャッシュの収入(66)ということになります。

次に、営業支出(67)。これも、仕入とは違います。当期に仕入れていても、当期にお金を支払っていなければ営業支出にはカウントされませんし、昨年仕入れていても、今年にお金を支払えばカウントされるわけです。

あくまでも「当期のキャッシュの動き」という視点での金額になります。

そういったものが、プラス・マイナスされて、そこに小計が出てきます。この**小計に、実は意味があって、この金額が**《キャッシュ・フロー上の営業利益(68)》**といわれています。**

この営業活動によるキャッシュ・フローの小計より上に、直接法(69)（P.73の図）と間接法(70)（P.73の図）という二つ表示方法があります。もちろん結果的に小計のところの金額は変わりません。

小計から下は、税金を支払っていたり、利息の受払いとか、損害賠償金の支払

(66)前受金でもらっていても、営業収入に入ります。

(67)前払金なども営業支出に入ってきます。

(68)小計に意味があるっていう珍しいパターンですが、小計がキャッシュ・フロー上の営業利益と認識しておきましょう。

(69)直接法では、営業収入、営業支出と表示するので、こちらの方が直感的にわかりやすいでしょう。

(70)間接法が一般的に用いられています。このような方法は前期末のB/S当期のP/L、当期末のB/Sがあれば作成できるので作成しやすい方法でもあります。

いといった、投資活動にも財務活動にも該当しない、その他の項目(71)が入ってきます。

では、**営業活動によるキャッシュ・フロー**から見ていきます。

営業活動によるキャッシュ・フローは営業収入、営業支出で小計。そして、その他のものという形になっています。

この**営業活動によるキャッシュ・フローを一言でいうと**、この区分は、企業がお金を**「稼ぐ」区分です**。お金を稼いでるんです。

なので、**通常**に経営している状態では、営業活動によるキャッシュ・フローは、**プラス**（収入）にならないとおかしいんです。

そりゃそうですよね。営業収入は売価ですし、営業支出は原価ですから、それから税金(72)を引いても通常はプラスになっていないとおかしいですよね。プラスでないと稼ぐべき活動で稼げていないということになります。

つまり、営業活動によるキャッシュ・フロー。これは稼ぐ区分です。そして、通常はプラスになります。

(71)税金を支払うって、国に営業しているわけではないので、営業活動によるキャッシュ・フローではない。もちろん国に投資してるわけではありませんので、投資活動でもない。財務活動ってこともないですよね。

(72)税金は赤字だとほとんどかかりませんしね。

キャッシュ・フロー計算書の構造

（直接法）

Ⅰ　営業活動によるキャッシュ・フロー	
営業収入	×××
商品の仕入支出	△×××
人件費支出	△×××
その他の営業支出	△×××
小計	×××
利息等の受取額	×××
利息の支払額	△×××
法人税等の支払額	△×××
営業活動によるキャッシュ・フロー	×××

（間接法）

Ⅰ　営業活動によるキャッシュ・フロー	
税引前当期純利益	×××
減価償却費	×××
売上債権の増減額（△は減少）	×××
仕入債務の増減額（△は減少）	△×××
たな卸資産の増減額（△は減少）	△×××
小計	×××
利息等の受取額	×××
利息の支払額	△×××
法人税等の支払額	△×××
営業活動によるキャッシュ・フロー	×××

さあ二つめ。**投資活動によるキャッシュ・フロー**。

固定資産・有価証券・貸付金の増減による収支となりますが、もう少し細かい項目を見てみましょう。

有価証券の取得による支出・売却による収入。

固定資産の取得による支出・売却による収入。

投資有価証券の取得による支出・売却による収入。

貸付けによる支出・貸付金の回収による収入。まあ、こんなところなんですけど、区分(73)としては、通常プラスになるかマイナスになるかって分かりますか？

有形固定資産の取得による支出と、売却による収入が入ってますね。基本的に、有形固定資産は買うときは高いです。

例えば、パソコンをイメージしてください。車でもいいです。買うときは基本的に高いですよね。でも、売ったらどうなりますか？　非常に安いですよね。なんなら、

キャッシュ・フロー計算書の構造

Ⅱ　投資活動によるキャッシュ・フロー	
有価証券の取得による支出	△×××
有価証券の売却による収入	×××
有形固定資産の取得による支出	△×××
有形固定資産の売却による収入	×××
子会社株式の取得による支出	△×××
投資有価証券の売却による収入	×××
貸付けによる支出	△×××
貸付金の回収による収入	×××
:	:
投資活動によるキャッシュ・フロー	△×××

売却した時にリサイクル券を買わされたり、廃車費用を取られたりする。そんなこともありますよね。

そういうふうに考えると、**有形固定資産**の取得による支出と売却による収入では、**圧倒的に取得による支出が大きいはず**です。

例えば、社員全員にパソコンを持たせてるとしましょう。1年経ったら何台か壊れます。何台か壊れたら、また、会社は買い直すことになります。

そうすると、特に設備のレベルを上げた訳でもないのに、固定資産の取得による支出が発生します。

つまり、**現状を維持しているだけでも、固定資産の取得による支出は発生します。**ましてや、投資有価証券の取得による支出。例えば、どっかの会社を子会社にするとか。また、有形固定資産の中でも、例えば、どこかに工場を作るとか、そういう話になると、この投資活動によるキャッシュ・フローが、どーんと出ていく。ということになるわけです。

なので、**この区分を一言でいうと**、会社として、**お金を「使う」区分です**。お金を使う区分なので、**通常**、ここは**マイナス**（支出）となります。

(73) 簿記の試験で、この項目を覚えるなら「悠（有）悠（有）と（投）貸付」と覚えましょう。

最後に、**財務活動によるキャッシュ・フロー**。

どんな項目があるか見ていきましょう。

短期借入れによる収入・借入金の返済による支出。

長期借入による収入・長期借入金の返済による支出。

社債の発行による収入・償還による支出。

株式の発行・自己株式の取得。

そして、**配当金の支払額**といった項目が入ってます。

この中に配当金の支払いがありますが、それ以外は、**基本的に金融機関とのやりとり**です。

だから、お金が余っていれば借入金返しますよね。足りなければ、借りてきますよね。

さらに足りなければ、社債を発行したり、株式を発行したりしますよね。逆に、余ってくれば、社債の償還をしたり、自己株式買ったり、そういうふうに動きます。

配当金の支払いはありますが、それ以外を考えると、

キャッシュ・フロー計算書の構造

Ⅲ　財務活動によるキャッシュ・フロー	
短期借入れによる収入	×××
短期借入金の返済による支出	△×××
長期借入れによる収入	×××
長期借入金の返済による支出	△×××
社債の発行による収入	×××
社債の償還による支出	△×××
株式の発行による収入	×××
自己株式の取得による支出	△×××
配当金の支払額	△×××
：	：
財務活動によるキャッシュ・フロー	×××

基本的にこの区分は、資金量を調整しています。**資金量を「調整」する区分**です。

ですから**通常**は、**あんまり**大きくない金額(74)**で、プラスもあればマイナスもある**。というのが通常な状態です。

皆さんは、今から20分もすれば、キャッシュ・フロー計算書を読めるキャッシュ・フローマスターになれます。これが一番簡単ですから。

その大前提となるのは、**営業活動で稼いで、投資活動で使って、財務活動で資金量を調整してる**。そういう区分になっているから、**通常はプラス、マイナス、あんまり大きくない金額でのプラス・マイナス**、**これが通常**な状態であるということを、まず知っておきましょう。

これを知った上で、他の状況なら、このキャッシュ・フローのプラス・マイナスがどう動くかを見てみましょう。

(74) 営業収入に比べて、2〜3割くらいのイメージでしょうか。

皆さん、自分が経営者になったとイメージしてみてください。いいですか。**数字から状況をイメージする力。とても大事です。**

じゃあ、Aのキャッシュの状況、これ、どんな状況かわかりますか?

［＋＋］［−］［−］

営業活動によるキャッシュ・フローが［＋＋］。大きなプラスです。つまり、営業活動ですごく稼いでるわけです。

そして、投資活動でちゃんとお金を使っていて［−］です。普通にお金を使っています。

さらに、財務活動で、借金があったら返済してる。もしくは、借金がなくても、儲かっているので、配当金を支払っているわけです。

つまり、大きな［＋＋］［−］［−］。これがどんな状況か。

キャッシュ・フロー計算書

C/F計算書	通常	A	B	C	D	E
Ⅰ 営業活動によるCF 営業収入・営業支出 小　計　××× 税金の支払、その他 計　×××	＋	＋＋	＋	＋	−	−
Ⅱ 投資活動によるCF 固定資産・有価証券・貸付金 の増減による収支 計　×××	−	−	−−	＋	−	＋
Ⅲ 財務活動によるCF 社　債・借入金・株　式 の増減による収支 計　×××	±	−	＋	−	＋	−

Ⅳ 現金等換算差額　×××
Ⅴ 増加額　×××
Ⅵ 現金等期首残高　×××
Ⅶ 現金等期末残高　×××

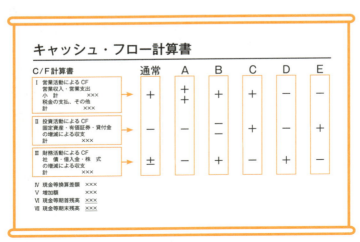

皆さん分かりましたね。

会社として**余裕**がある状況です。なので［＋＋］［二］［二］**は、余裕のサイン**です。うちの会社、余裕ありますよ。っていうことをキャッシュ・フロー計算書が物語っているんです。分かりやすいでしょ。

これが、余裕な状態。

じゃあ、次の**B**はどんな状態でしょう。

営業活動で稼いでいます。**投資活動で**［二二］ですから、大きな投資活動をやったことを意味しています。そんなパソコンが壊れたから買換えるとかじゃなくて、子会社を買うとか、どっかに工場を作るとか、そういう大きな投資をどんとやって、さらに**財務活動で**金融機関からお金を借りてきてる。［＋］ですから。こういう状態。

これは、どんな状態でしょう?。

会社というのは、これをやらずして生き残れません。**勝負**、勝負姿です。

もちろん、**営業活動で**［＋］がないと、あんまり勝負にさえ出れないんですけれども、投資活動でどーんと使って、足りない分は金融機関からもお金を借りてきている。これが勝負姿です。

ちなみに、こういう時[75]の金融機関は、ホイホイお金を貸してくれるんです。

「社長、ぜひうちの資金をご活用ください」みたいな話になります。

さあ、次のCはどんな状態でしょう。

【＋】【＋】【－】とあります。

まず、営業活動で稼げています。一応、普通に稼いでいます。で、**投資活動が【＋】**になっている。つまり、今まで他人にお金を貸してたら、返してもらっている。どこかの株を持ってたら、それを売却してお金に換えて、固定資産でいらないものがあったら売却して、損してでもお金に換える。これが投資活動の【＋】です。

キャッシュ・フロー計算書

C/F計算書	通常	A	B	C	D	E
Ⅰ 営業活動によるCF 営業収入・営業支出 小 計 ××× 税金の支払、その他 計 ×××	＋	＋＋	＋	＋	－	－
Ⅱ 投資活動によるCF 固定資産・有価証券・貸付金の増減による収支 計 ×××	－	－	－－	＋	－	＋
Ⅲ 財務活動によるCF 社 債・借入金・株 式の増減による収支 計 ×××	±	－	＋	－	＋	－
		⇓余裕	⇓勝負			

Ⅳ 現金等換算差額　×××
Ⅴ 増加額　×××
Ⅵ 現金等期首残高　×××
Ⅶ 現金等期末残高　×××

ですから、投資活動は本来［－］ですから、それが［＋］。つまり持っているものを売却して換金した。っていう姿。

営業で稼げているんだけど、持ってるものを売却してお金に換え、金融機関との関係、財務活動ではお金を返しているわけです。

これ、どんな状態かイメージわきますか？

これは、なかなかイメージがわきにくい状態だと思いますが、以前よく大きな銀行が合併してましたよね。あの合併した後っていうのは、だいたいキャッシュ・フロー計算書はこの［＋］［＋］［－］なんです。

つまり、会社の中で、**資産のあり方とか、人の配置とか、そういったものを調整してる**んです。例えば、一つの交差点に銀行が二つあって合併した。ある日突然、同じ看板に変わりますね。しばらくしたら、どっちかなくなるでしょ。つまり、固定資産を売っています。売って調整するわけですから、投資活動によるキャッシュ・フローがプラスになります。

会社としては、合併直後などといういう時は、身軽になりたい。だから、不要な資産は売却して、借金があったら借金も返して軽くする(76)わけです。また、新

(75) 逆に、「ピンチだからお金を貸してください」と言うと、とっても渋られます。金融機関はホント現金な奴です。

(76) また、合併に賛成してくれた株主に、お礼的な意味で配当金の支払いを多くする例もあります。

しい積極的な投資も行わない。

なので、この**［＋］［＋］［－］**というのは、会社として、業態を調整してるような状況です。**調整中**。

これが、［＋］［＋］［－］です。

そうしたら次、**D**はどうでしょう?

［－］［－］［＋］と来ましたね。

まず、営業活動でのマイナス。営業活動は、本来なら稼がないといけないところですから、そこでマイナス。これは、**ちょっと危ない系**ですよね。

しかし、投資活動は行ってるわけです。そして、金融機関からはお金を借りてます。

借金とかでお金を調達して、営業活動を補い、投資を行ってるという状態。

会社として、次の手を打ちながらなんとか耐えてる状態です。つまり、**忍耐状態**です。

営業で稼げてないいんだけれども、投資すべきとこに投資をして、なんとか切り抜けようという、そういう状態のものが［－］［－］［＋］、という状態です。

だから［－］［－］［＋］ってのは「あ、会社としてはいま耐えてるな」っていう状況だと読めるわけです。

ここで仮に、**［－］［＋］［＋］**だとどうなるのか。

変わったのは、投資活動によるキャッシュ・フローが［＋］になりました。投資活動によるキャッシュ・フローが［＋］になるということは、**持ってるものを換金している**っていうことです。

貸付金があったら返してもらい、株を持っていたら売却してお金に換え、いらない土地を持ってたらそれも売却する。そういうふうにして換金してるってことです。

換金していく中で、**なんとか営業のマイナスを補い**、金融機関にお願いしますと言って頭を下げて、**お金を借**

キャッシュ・フロー計算書

C/F計算書	通常	A	B	C	D	E
Ⅰ 営業活動によるCF 営業収入・営業支出 小　計　××× 税金の支払、その他 計　×××	＋	＋＋	＋	＋	－	－
Ⅱ 投資活動によるCF 固定資産・有価証券・貸付金の増減による収支 計　×××	－	－	－－	＋	－	＋
Ⅲ 財務活動によるCF 社　債・借入金・株　式の増減による収支 計　×××	±	－	＋	－	＋	－
		⇓余裕	⇓勝負	⇓調整	⇓忍耐	
Ⅳ 現金等換算差額　×××						
Ⅴ 増加額　×××						
Ⅵ 現金等期首残高　×××						
Ⅶ 現金等期末残高　×××						

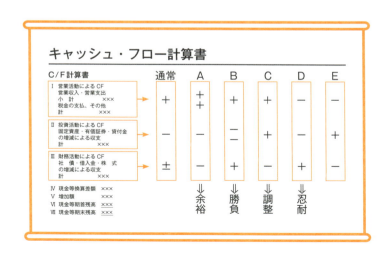

りてきている状態です。

これは、まさしく**ピンチ**なんです。会社としては**ピンチ状態**[77]。こういうときは、金融機関はなかなか貸してくれないですよね。

さあ、このピンチな状況。例えば、皆さんが、どっかの会社の決算書を取り寄せました。キャッシュ・フロー計算書がついています。その時に「－」「＋」「＋」となっている。それを見て「あ、この会社ピンチやな」とわかります。

その通りなんですが、皆さん、**その会社との取引、止めますか?**　さあどうでしょう。

財務活動によるキャッシュ・フローがプラスになっている。この**プラスが金融機関からの借入れでプラスなら、この会社まだ大丈夫です。**銀行がまだ見捨ててないんです。

キャッシュ・フロー計算書の構造

Ⅱ　投資活動によるキャッシュ・フロー	
有価証券の取得による支出	△×××
有価証券の売却による収入	×××
有形固定資産の取得による支出	△×××
有形固定資産の売却による収入	×××
子会社株式の取得による支出	△×××
投資有価証券の売却による収入	×××
貸付けによる支出	△×××
貸付金の回収による収入	×××
:	:
投資活動によるキャッシュ・フロー	△×××

銀行はちゃんと、その会社を支援するべく、お金を入れているわけです。なので、この［－］［＋］［＋］という状況はピンチだけれども、**まだ危なくはない**。っていう状態です。

じゃあ、**危ない**のはどういうのかというと、最後の**E**です。

［－］［＋］［－］。**これは危険です**。

営業活動でマイナス。損してるわけです。稼ぐべきところでマイナス。金融機関はもう貸してくれないんです。「返せ」なんです。返さないかんのです。投資活動のところで、なんとか持ってるものを売却してお金を得て、なんとか会社として保っているという状態。

これ、**大ピンチ**といっていいです。これが危ない状態。ということになります。

こういうふうに、キャッシュ・フロー計算書っていうものは、もうこれだけ分かっておけば、どんな会社も、まず、この中のどれかに該当します。

もう皆さんは、キャッシュ・フロー計算書をパッと見たら「あ、この会社余裕

(77)勝負の時はホイホイお金を貸してくれるんですけど、ピンチの時はなかなか貸してくれないんです。渋い顔をされるわけです。

やな」「通常通りかな」「あ、勝負に出てはるね」とか「あ、今耐えてはるな」ということが一目瞭然で分かるのようになりました。

ぜひ、こういう視点で見てもらえたら、決算書を読み解く一つの方法になります。

あと、ちょっと説明しておくと**［＋］［＋］［＋］と、［－］［－］［－］はない**でしょ。

この二つは、まずない**異常値**っていわれています。

［＋］［＋］［＋］の状況を考えてみると、まず、営業活動で稼ぎながら、持っているものを売却して資金を得て、金融機関からも資金の調達を行った。ということですから、何をしているんだ？　って感じですよね。

でも私［＋］［＋］［＋］数えるほどですが、見たことがあります。

一つ記憶に残っているのが、ライブドアって会社がありますよね――当時、ホリエモンさんで有名でした――あの会社が、近鉄球団を買う(78)っていう話のとき。

あのとき(79)のキャッシュ・フロー計算書を見たら、［＋］［＋］［＋］でした。

この後「一発大勝負みたいな大きな買い物をするぞ！」という直前のところで決算が来ると［＋］［＋］［＋］がでてくることがあります。

(78)結局楽天が買ったんですが。

(79)半期間なんですけれども

だから、キャッシュ・フロー計算書で**［＋］［＋］［＋］を見たら、「さあ次どうする?」**っていう、そういった視点で見るといいと思います。

また［－］［－］［－］っていうのも見たことがあります。

まあ、会社名はいえないんですが、危ないより、さらに危ないような状態です。営業活動で損をし、固定資産などの売る物も特になく、設備に一定のお金を使わざるを得ず、さらに金融機関には返さないといかん。というドン底の厳しい状況。これ［－］［－］［－］です。もう、改革せずには成り立ちませんね。

ただ、通常はありません。通常は、そういうことはまず起こりません。

なので、普通に考えると［＋］［＋］［＋］、［－］［－］［－］は異常値で、まずないと思っていいです。

それ以外のどれかに該当する状況が、会社の状況ですから、それをキャッシュ・フロー計算書から読み取ることができるわけです。

会計の世界の格言で、貸借対照表とキャッシュ・フロー計算書を比較して、「貸借対照表は真実かもしれないが、キャッシュ・フロー計算書は事実である」っていうのがあります。

確かに、真実(80)って色々ありますもんね。

確かにキャッシュというのは、明らかに事実です。払った、もらった。はっきりします。

なので、**キャッシュ・フロー計算書は、決算書を読み解くときに、とても大事な要素**になっていきます。

あまり、これを用いた財務分析は多くないんですが、皆さんは、ここでキャッシュ・フロー計算書の見方、読み解き方を、マスターしておいてもらえたらと思います。

以上で、損益計算書、貸借対照表、キャッシュ・フロー計算書という財務3表の、構造について一通りお話しました。いかがだったでしょうか。

第2部で、具体的な指標を使った財務分析の話に入っていきたいと思います。

(80)特に、男女の別れ話。あれを聞くと、男性側の真実と女性側の真実、全然違いますよね（笑）。それでも事実は確かに一つです。

ポイント

●営業活動によるキャッシュ・フローは「稼ぐ」区分。投資活動によるキャッシュ・フローは「使う」区分。そして財務活動によるキャッシュ・フローは、資金量を「調整する」区分。

●キャッシュ・フロー計算書は、通常＋（営業活動によるキャッシュ・フロー）。－（投資活動によるキャッシュ・フロー）。あまり大きくない額での＋－（財務活動によるキャッシュ・フロー）。

●＋＋・－・－⇒余裕

●＋・－－・＋⇒勝負

●＋・＋・－⇒調整

●－・－・＋⇒忍耐

●－・＋・＋⇒ピンチ

●－・＋・－⇒大ピンチ

コラム

～信用調査会社の分析表 ①～

信用調査会社といいますと、会社に点数（頼みもせんのに）を付けてくれますね。40何点とか50何点とかって付けられますね。あの点数の計算の根拠になる、それがこの財務分析表の数字ということになります。

もう昔話なんですけれども、私が会社を作った当初の頃なんで、もう20年ほど前の話なんです。ある時、帝国データバンクから電話が来たんです。

スタッフに「帝国データバンクから電話です」って言われるんですよ。なんか、強そうで攻めて来そうな気がしませんか（笑）　思わず居留守を使って要件を聞き、電話を切ってもらって、先輩の社長さんに聞いたんですよ。

「スイマセン、帝国データバンクから〝調査したい〟という電話が入ったんですけど、どうしたらいいんでしょう」

第2部
財務分析の目的と指標比率

第2部 財務分析の目的と指標比率

いよいよ、第2部に入ってきます。

第2部は『財務分析の目的と指標比率』ということで、財務分析を誰が、何のためにやるのか。

そして、目的によって、どの指標を使うのかが決まってきます。

よく、財務分析というと、こういう比率があって、さらにこういう比率があって、という話が延々と続くんですけど、そうじゃなくて、まず、**自分はどういう立場にいて、何を知りたいのか**、ということから考えて、**それに応じた比率を選んで使って見ていく**。こんなところを

第２部　財務分析の目的と指標比率

- 財務分析の分類 ～誰が何のために何を見るのか～
- 分析指標比率のルール ～ルールがわかれば分析は簡単～
- 収益性分析 ～利益＝企業の存在意義～
- 安全性分析 ～危ない企業を見極める～
- 活動性分析 ～元気があれば何でもできる～

お話したいと思っています。

内容的には、まず、財務分析の分類。

分析指標比率のルール(1)。

そして、具体的に収益性の分析。

安全性の分析。

活動性の分析。

というところで、それぞれの分析に関する指標比率を見ていく。という形になっています。

それでは、第2部始めていきます。

(1) 分析指標比率のルールは、皆さん、絶対知っておいてください。これを分かっておくと、分析が凄く楽になります。

13 財務分析の分類

まず、財務分析の分類という話です。

最初にお伝えしたいのは**《誰が、何のために、何を見るのか》**っていう関係です。

これによって、使う比率も、モノの見方も全部変わります。

なので、まず、誰が、何のために、何を見るのか。ここを見てから財務分析の比率の話に入っていきましょう。

まず、大前提として財務情報を「どうやって入手するのか」っていうことですが、主に二つあります。

財務分析の分類

～誰が何のために何を見るのか～

一つは、金融庁のホームページ、**EDINET**《エディネット》です。

このEDINETっていうのは、ありとあらゆる、上場企業などの決算書情報がぜーんぶ集まっています。

なので、多数の企業を、比較分析[2]して見るときにはとても便利な情報源です。

もう一つは、それぞれの**企業のホームページ**です。

そこに、IR情報として記載されているものがあります。

これは、その企業のホームページに載ってるものですから、企業としては、普通の有価証券報告書の他に、追加情報を入れている場合もあります。そういった、特定の会社に関する情報[3]であれば、ホームページから見た方がいいと思います。

では次に、財務分析の分類という話なんですが、財務

財務情報の入手

■ EDINET

▶「Electronic Disclosure for Investors' NETwork」

▶金融商品取引法に基づいて運営されている有価証券報告書等の開示書類を閲覧するためのシステム

■ 企業ホームページ（IR情報等）

分析には、主として二つの方法[4]があります。

一つは、**実数法**。

これは、財務諸表に載っている金額。1億円なら1億円というその金額。例えば、昨年より今年の方が1億円売上が増えた。っていう分析です。

ただ、この方法には**欠点**があって、同じ1億円売上が増えたといっても、売上が10億円の企業と1千億円の企業とでは、全然意味が違いますよね。10億円の企業では大成長ということになるでしょうが、1千億円の企業だと誤差の範囲かも知れません。**企業規模が違うと比較が難しい**んです。

もう一つは、**比率法**です。

比率法は、財務諸表に載っている金額同士の比率や、その他の資料に載っている従業員数などの数値と金額の比率。これを計算して分析するという方法です。

財務分析の分類

■ 財務分析の手法

企業の情報を知る財務分析には、大きく分けて2つの方法があります。

実数法	財務諸表に載っている金額（実数）をそのまま使い、その大小や増減を見て分析する方法。
比率法	財務諸表やその他の資料に載っている数値や金額同士の比率（相対値）を計算して、分析する方法

なので、昨年の財務諸表に売上が10億円と載っていた。今年は11億円になっている。「じゃあ10%増えましたねっ」ていう、金額同士の比率などで分析していくまです。

実数法と比率法ですが、**財務分析で主に使うのは、比率法**の方です。

各手法の長所・短所をみておきましょう。

比率法の長所は、何といっても**企業間比較ができる**ということです。

10億円の企業と1千億円の企業を比較するのって、ベースが違うので本当は難しいんです。

でも、売上が1億円増えたときに、A社は売上が10%増えましたが、B社の売上は0.1%しか増えなかった。というふうに見ていくことができるのです。

財務分析の分類

各手法の長所・短所

	実数法	比率法
長所	そのままの数値を使うため、理解しやすい。	規模が異なる企業間比較が可能。
短所	規模に差がある企業間で比較する際に意味をなさないことが多い。	異業種間での比較や、異なる会計処理を行っている企業間比較は難しい。

なので、規模が異なっても、企業間比較ができるようになる、というところで比率法が多く用いられています。

逆に**短所**は、異業種間での比較や、異なる会計処理を行っている企業間比較は難しい。

特に、**異業種間での比較が難しい**んです。

例えば、売上総利益率[5]一つとっても、ゲーム会社なら、通常、売上総利益の割合はすーごく高いわけです。

というのは、携帯電話やパソコンでやるようなゲームって、一回作れば、後はもう単に複製して売っていくだけっていう話になるので、追加的にかかるコストはほとんどゼロなんですね。だから売上原価は非常に小さくなる。従って、売上総利益は大きくなる。

対して、まったく逆なのは、商社といわれる会社です。商社というのは、基本的に買う人がいて、その人が、例えば、外国の物を買いたいという時に、直には買えない。直に買えないから商社を間に立てて、その商社に買ってきてもらって手に入れる。という働きをする会社です。

(2)例えば、何社ものROEを見比べたいとか。

(3)EDINETでいろんな会社をザーッと見て目星をつけ、特定の会社についてホームページでよく見てみるという方法が合理的です。

(4)他にフェイス法などもありますが、ここでは割愛します。

(5)売上総利益を売上で割ったもの。

そうすると、外国の物を買いたい人にとっては、A商社を使っても、B商社を使っても、またC商社を使っても、同じように手に入る。

そうなると、このA商社、B商社、C商社は、当然、値段の叩き合いになります。当然、利幅がうすーくなっていくわけです。

そういう商社といわれるところは、基本的に売上原価の割合が高い。逆に、売上総利益の割合が低い(6)わけです。

じゃあ、ゲーム会社と商社を比較して、ゲーム会社の方が利幅が大きいからいい会社なのかという話になっても困りますよね。だって、ゲーム会社って当りハズレが大きいでしょう。そうすると、この次どうなるか分からないってなるでしょう。商社の方は、安定的な顧客に商品を提供し続ける業種ですから、安定度は高いわけです。

なので、異業種間の比較っていうのは難しいというところがあります。

ただ、倒産するときの兆候なんかは同じなわけで、いくつかの比率で、基本的には異業種間比較が大丈夫なものもあります。後で、その辺も紹介していこうと

(6) IFRS(国際会計基準)によると、手数料部分のみが売上高になるので、売上総利益の割合は高くなるのですが、日本の基準では低くなります。

思います。

次に、実数法の**長所**。そのままの数値を使うため、理解しやすい。

１億円売上が増えた。この１億円は誰がどうみても１億円です。でも、10％売上が増えたときに、10億円企業の10％は１億円だし、１千億円の企業の10％は百億円ですよね。同じように10％上がりましたっていっても、片や１億円、片や百億円なわけです。

そうすると、％を使うよりも、**実際の数値を使った方が、よりリアリティを持って分析ができる**ということがあります。

逆に、短所は、規模に差がある企業間で比較する(7)際に意味をなさないことが多いということです。

それぞれに、長所短所があるんですが、**ベースは比率法に置きます**。

でも、この比率っていうのは、対前年比で売上が、一昨年に30％下がり、昨年に30％上がった。となったときに、元には戻ってませんからね。一昨年を100％と

(7) 同じ１億円といっても売上が10億円の会社の１億円と、売上が１千億円の会社の１億円との比較では、あまり意味をなさないですから。

すると、昨年は70%、70%をベースに30%上がっても91%にしかなっていません。こういう錯覚(8)を起こしそうになるんです。

例えば「給料が10%削減された」これは会社としては利益に大きく、インパクトのあることでしょう。人件費は高いですから。

でも「雑費が10%削減された」って言っても、雑費なんて元々少額でしょうから、利益へのインパクトという意味ではほとんど意味のないことです。

そういう点を考えると、やっぱり**実数法も、傍らで気にしながら、見ていく**ようにすると、よりよく会社の状況の把握ができると思います。

ですから「基本は比率法において実数法をちょっと見る」ぐらいの感じでいきましょう。

続いて、財務分析の分類、立場によって異なる分析についてお話ししていきます。

どのような立場や状況で、財務分析を行うか、企業を分析するかにより、中心となる財務分析の手法や用いる比率(9)は異なります。

(8) これを避けるには、ベースを遠く（ここでは一昨年）に置いて一昨年の91%まで持ち直したとすればいいです。また、実数法と合わせて、見ていくことも有効です。

(9) 当然のことなのですが、あんまり、他の財務分析の本では書いてないんですよね。

この財務分析にどんなものがあるのかっていうと、**《収益性分析》《安全性分析》《活動性分析》**がメインどころです。他には、**《生産性分析》《成長性分析》**といったものもあります。

収益性分析は、「儲かってるかどうか」ということです。

安全性分析は、「会社として大丈夫かどうか」です。

収益性分析は、主に損益計算書を使い、安全性分析は主に貸借対照表を使う。財務諸表とはこういう関係を持っています。

そして、活動性分析。これは企業活動の活発さをみるというものです。

これ以外の生産性分析は、効率の良し悪しをみるというもの。

成長性分析は、企業の発展度合いを見るというものです。

財務分析の分類

■ 目的による分類

どのような目的で財務分析を行うか（企業を分析するか）により、使用する財務分析指標が異なります。

収益性分析	企業の収益獲得能力を分析する
安全性分析	企業の支払い能力や財務体質を分析する
活動性分析	企業活動の活発さを分析する
生産性分析	企業の生産活動の効率性を分析する
成長性分析	企業の発展度合いを分析する

財務分析を始めるにあたって《どの立場の人が、何を見るのか》を気にしましょう。

まず、**債権者**。これは分かりやすいですね。

お金を貸している立場の銀行とか、掛けのある得意先（売り先）を見るときとかです。

こうした、お金を貸している立場の人にとって気になることは「貸したお金が、ちゃんと返ってくるかどうか」この一点です。別に儲かってなくてもいい。土地を売却したお金でも構わないわけです。債権者としては、貸してるお金がちゃんと返ってくるかどうか。それを見ることになります。

なので、これは**安全性分析**が中心になるということでもあります。

次に、**株主**を考えましょう。株主は何を見るんでしょうか。

まず、自分の配当が気になるでしょう。また、上場している会社の株主なら、株価の上り下りでしょう。これらは、その会社の業績によって増えたり減ったり、上がったり下がったりすることになるので、まず、儲かっているかどうか気になるでしょう。なので**収益性分析**。これが中心になります。

そして、**活動性**。活発にやってるかどうか。これも気になるでしょうね。

また、成長性(10)。会社が成長していれば株価も上がりそうですよね。このあたりが気になると思います。

そして、**経営者**。この人は、もういろんなもの、すべてを見るしかないです。

自社のものだけではなくて、ライバル会社のものも含めて、すべての関係先を見ておくしかないです。

例えば、自分の会社が儲かっているのか、ライバルの会社が儲かっているのか。どっちがよく儲かってるんだろう。そういうことを見て戦略を考えます。

財務分析の分類

■ 立場によって異なる分析

どのような立場（状況）で財務分析を行うか（企業を分析するか）により、中心となる財務分析が異なります。

経営者 （自社、競合）	収益性分析、安全性分析、活動性分析、 生産性分析、成長性分析
株主	収益性分析、活動性分析、成長性分析
債権者	安全性分析
売り先	安全性分析、収益性分析、成長性分析
仕入先	収益性分析、安全性分析、生産性分析

ライバルが低価格戦略でやってきて儲かっている。うちはどうしよう。このままでいくのか、高価格戦略で行くのか。低価格戦略で戦うのか。そういったことを考えなければならなくなります。そういった**収益性**。

そして、**安全性**。自分の会社が安全に運営されているかどうか。それも当然、経営者は気にしておかなければなりません。

また、**活動性**。人もモノもカネも活発に動いるかどうか。これも当然、利益の源ですので気にします。

生産性、効率がいいかどうか。ライバルに比べて自社は効率よく商品を作れているのか、ということも気にしておく必要があります。

同じだけ売った時に、ライバルはすごく儲かってるのに、うちは生産効率が悪くて儲からないとか、そういうことがないように考えなければなりません。

さらに、**成長性**。自分の会社がどれだけ成長してるのか。逆に、どれだけ縮小しているのか。そういったことも見ていくということになると思います。

また、売り先とか仕入先。

(10)すごくリスクをとる株主で、もう倒産するというような会社の株をたくさん買い込んで、値上がりさせて、例えば1円の株を買って2円で売って倍にして儲けるみたいな株主は安全性分析で、会社の危険度を見るのかもしれませんが……。

売り先という話になると、自分が相手先に商品を売ってるわけです。そうすると、まず気になることは、販売代金、お金がちゃんと返ってくるかどうか。自分が債権者になりますから、**安全性**分析の話が出てくるでしょう。

さらに、その売り先がちゃんと儲かっているか(11)どうか。これも気にしておかないといけません。

そうすると、売った先の会社の**収益性**はどうだろうか。また、その会社が成長してるかどうか、まったく成長しないような会社だったら、売り先として、いつまでも付き合えないとか。そういうことも考えなければならないでしょう。

また、**仕入先**。自分が商品を買ってきて、外部に売るなり、何かを作って売るなりしているとしましょう。そのモノを買ってくる先です。

その仕入先に、皆さん何を求めますか。

普通はできるだけ安い金額で、安定的に供給してくれること。これを仕入先に対して気にしていくことになるでしょう。

そうすると、まず、売上高総利益率。あまりにも儲けているようなら「安くしてくれ」と言わないといけないですからね。

(11)売り先が儲かっていないと倒産される可能性がありますからね。

また、安定的に供給してくれる。安くはしてくれてるけど、すぐに潰れてしまったりしたら困ります。そうすると、**安全性**という問題がでてくるでしょう。

そして、仕入先の会社が効率よく動いていてくれていないと、結果的にムダな原価まで乗った高い物を買うことになるので、**生産性**。生産効率がいいか悪いかといったところも気になってくると思います。

こんなふうに、立場がいろいろあり、それによって、中心になる分析が変わってきます。

なので、そこを意識の中に置きましょう。

それぞれの分析が、どういう分析なのかというところを一応まとめておきました。

どのような目的で財務分析を行うかにより、使用する財務分析指標が異なります。

収益性。企業の収益獲得能力を分析。**どれくらい儲かっているのか**を分析する。

安全性。企業の支払い能力。**お金払えますか**っていうところを分析する。

活動性。 企業活動の活発さを分析する。**どれだけ活発に動いているか**というところをみる。

生産性。 企業の生産活動の効率性を分析する。**効率よく作ってるか**どうかです。

成長性。 企業の**発展度合い。**

それぞれこういったものを分析するということに使われるわけです。

まず、立場を考えて、それによって行う分析が異なってくる。

ぜひ、この本も、自分なりに、何らかの立場(12)を想定して読んでもらうといいと思います。

(12)株主という立場も多いかと思うんですが、経営者ぐらいの立場で、財務分析を見てもらえると、より身につくんではないかと思います。経営者は、たくさん必要ですからね。

ポイント

- 財務分析は、「誰が、何のために、何を見るか」が根本的な問題。
- 財務分析の手法には、数字をそのまま使う実数法と、比率を使う比率法があり、比率法では、他社との比較が可能になる。
- 財務分析では、収益性分析、安全性分析、活動性分析といった分析が行われる。

14 分析指標比率のルール

それでは『分析指標比率のルール』についてお話ししていきましょう。

分析指標（比率）というのは、沢山あるので、これを一個一個覚えるのは、大変[13]です。

ただ、会話の中で「○○率」って言われたときに、それが何を示すのかがわからないと会話自体についていけなくなってしまいます。

なので、分析指標比率は、名称のルールを把握して**名称を聞いただけで何分の何かわかるようにする**のが合理的[14]です。

というのは、むかーし昔。建設業経理士の1級の財務

分析指標のルール

～ルールがわかれば分析は簡単～

分析を受験するときに出題項目の財務分析の比率を見たら、70個ぐらいあったんですが、これを覚えるのが、イヤでイヤで(15)。あまりにイヤだったんですが、よーく見てると「あれ、なんかこれ共通のルールがあるぞ」と思いついたんです。その共通のルールを拾い出してみると、確かにその通りになってるんですね。

なので、その**ルールさえ分かってしまえば、比率は名前をきいただけで、**だいたい分かる(16)ということなんです。

ルールが分かれば分析が簡単。まず、比率に関するハードルを下げておきましょう。

では見ていきましょう。

(13)しかも、基本的に本でもネットでも見れば、一覧表になって出て来るようなものを、一通り覚えるのって、非常に意味のない行為ですよね。

(14)もちろん、全ての比率が全部、このルールで分かるわけではないんですが、主だったものは一通りわかります。

(15)紙に書いてあるものを丸暗記するなんて、自分の脳細胞に対する冒涜だと思いました。

(16)そのルールに気が付いたので、試験を受けるのも非常に楽でした。

《ルール　その1》

○○率。この○○率っていうのは、日常的によく使いますよね。実は、この**○○率は絶対に○○が分子**です。

例えば、出席率っていうのは、出席した人が分子、合格率も合格した人が分子ですよね。

なので、○○率という率は、○○が分子なんです。

まず、こういう関係があります。

そして、その分子が全体としている項目が分母になります。

出席率はクラスならクラス全体の人数が分母になりますし、合格率は全体の受験者数が、分母になります。だから、分子の○○が全体としているものが分母です。

具体例として、流動比率があります。みていきましょう。

分析指標のルール①

$$○○率 = \frac{○○}{全体} \times 100(\%)$$

・貸借対照表項目の比率では、『資産』が略されることありこのルールでいくと「流動」が分子ですよね。

でも「流動」っていわれても、流動資産もあれば、流動負債もあります。どっちが分子なんだろうって話になるんですが、そこで、**「貸借対照表項目の比率では、資産が略されることがあります」**

裏返すと、資産以外のもの(17)が略されることはありません。

ですから、流動比率は、流動と比率の間に《資産》が隠れているんです。

なので、**流動比率は、流動資産比率**です。つまり、流動資産が分子です。

じゃあ、分母は何か。これはこの比率自体が「流動負債を返せますか？」っていうことを見るための比率なんです。

そうすると、流動資産が分子で、**流動負債が全体**。つまり、**分母になります。**

だから、流動負債分の流動資産。これが流動比率(18)になるのです。

(17)負債や純資産。

(18)他に当座比率（当座資産÷流動負債）といった比率もあります。

二つ目は、**××〇〇率**。

これは、会計用語が二つ並んでいる場合。

売上高経常利益率を例にしてみていきましょう。

前にある売上高が分母で、**後ろに来てる経常利益が分子**です。

なので、売上高経常利益率というと、売上高分の経常利益です。こういうふうに分かっておくと、非常に楽です。

ただ、**「損益計算書項目の中で売上高が、省略されることがあります」**つまり、売上高経常利益率の売上高を省略して、単に、経常利益率と言うことがあります。

ということは、経常利益率っていわれたら、前述の〇〇率のパターンなんです。

そうすると、経常利益が分子です。そして、経常利益が全体としてるのは当然に売上高です。ですから、**経常**

分析指標のルール②

$$\times\times〇〇率 = \frac{〇〇}{\times\times} \times 100(\%)$$

・損益計算書項目で『売上高』が省略されることあり

・株価収益率（PER）は例外

利益率といわれると**売上高分の経常利益**ということが分かります。

○○率は○○が分子。××○○率は、××分の○○だ(19)と分かっておけば、これだけで簡単に、かなりの数の比率が使えるようになります。

さあ、三つ目にいきましょう。

今度は、**回転率系**です。

どれだけ活動を活発にやっているのかというのを、この回転率で見ることができます。

例えば、○○回転率というときに、**○○は分母**になります。そして、**基本的に分子は売上高**です。つまり、いろいろな○○を売上高で何回回収できたかをみることで、その○○の活発さの指標としているのです。

分析指標のルール③

$$○○回転率＝\frac{売上高}{○○}（回）$$

・棚卸資産回転率などは、分子を売上原価とすることもあるが、日本では売上高を用いることが多い

$$○○回転期間＝\frac{○○}{売上高÷12カ月}（月）$$

・「12 カ月」を「365 日」とすると、日数単位で計算できる

例えば、売上債権回転率[20]。

これは、当期は売上債権を何回、売上で回収できたのかっていう計算になります。

例えば、売上が、年間120としましょう。売上債権が、20残っていたとします。

そうすると、20分の120なので、回数とすると6回になります。

つまり、この売上債権は、売上高で年間6回回転[21]している。ということがこの売上債権回転率でわかります。

ただ、この比率、ちょっと実感が乏しかったりするんで、もう一つあります。

○○回転期間。こちらの方がイメージしやすいと思います。

回転率と回転期間とでは分子と分母が入れ替わります。

ただ、通常、この回転期間は何ヶ月っていうふうに月単位になりますので、売上高を月数[22]の12で割ります。それが分母です

じゃあ、例で当てはめて見ましょう。売上高が120。12で割ると10[23]。これが分母です。

売上債権回転期間ですから、売上債権は20が分子で、2カ月となります。

(19) 他にも、以下のような比率があります。
売上高営業利益率（営業利益÷売上高）
売上高販管費比率（販売費及び一般管理費÷売上高）
総資産利益率（当期純利益÷総資産）

(20) 売上債権というと、受取手形や売掛金ですね。

(21) 売ってから回収っていうことを年間6回してる。

(22) 1カ月あたりの売上高。いわゆる月商です。

(23) 1カ月あたり10ずつ売っています。

(24) 今月売ったら、再来月に代金を回収。というサイクルで会社が回っていることを示してます。

つまり、販売後２カ月で１回回収[24]してます、ということを意味しています。

もちろん、この回転期間、売上債権に関しては、短い方が早くお金になっていいわけです。逆に仕入債務については、長くしてる方が、資金的には有利だという状況があります。

あと、12カ月を、365日にすると日数単位[25]での計算もできるようになります。

これが回転率[26]の話ということになります。

最後に、この他の分析指標比率のルールです。

まず、**○○増減率**。

例えば、売上高増減率という比率があります。売上高がどれぐらい増えたのかを見る比率です。

では、前期の売上が100としましょう。当期の売上が120

分析指標のルール④

$$\text{○○増減率} = \frac{\text{当期○○} - \text{前期○○}}{\text{前期○○}} \times 100\,(\%)$$

でした。すると、前期の売上を分母（ベース）にして、当期　－　前期ですから120　－　100で、20。これを前期売上の100で割るので100分の20で20％となります。

なので、売上高は前期に比べて当期は20％増えた、ということを表します。

もちろん、当期と前期とを比べて、当期の方が小さかったら――売上が下がっていたら――マイナス[27]になります。

これが、○○増減率です。

そして、**××対○○**。こういう比率もたまーに出てきます。

この、××対○○は、**《対》**っていう字を**分子分母の関係を表す斜線**だと思ってください。分子と分母の間の線だと。

分析指標のルール⑤

$$××対○○ = \frac{××}{○○} \times 100(\%)$$

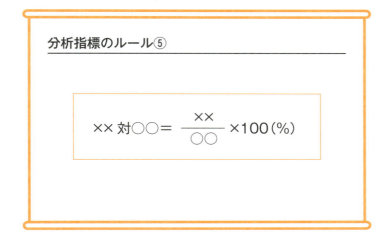

すると、**前の××が分子**に行きます。**後ろの○○は分母**に行きます。××対○○とくれば、対の前は分子、後ろは分母と(28)なります。

これだけ分かっておくと、比率はもう怖くない(29)。

では、これから、いろんな分析の話をしていきましょう。

ポイント

- **○○率は○○が分子、その全体が分母。**
- **××○○率は、××分の○○。**
- **○○回転率は、○○分の売上高。**

(25)回転期間は何日という計算。

(26)棚卸資産回転率などでは、分子を売上原価とすることもあります。これは、棚卸資産を販売すると売上原価になるのだから分子は売上原価にするべきだという考え方です。欧米では基本的に売上原価で扱うようです。

(27)当期の売上が95なら売上高増減率が−5％。5％減ったという計算になります。

(28)××○○率とは分子分母が逆になります。

(29)日常の会話でこの比率を使って話すだけで、もうあなたは数字に強い人と思われるようになります。いいことです。

15 収益性分析

それでは、具体的にお話していきましょう。

まず、『収益性分析』についてです。

収益性分析は、**企業の収益獲得能力を分析**するものです。

つまり、会社がなにをやっていくら儲けたのかということを、分析していくことになります。

この分析で中心になってくるのが、利益という存在です。

この利益というものを、収益性分析を始める前に、一緒に考えておきたいと思います。利益とは一体何かという問題です。

収益性分析

～利益＝企業の存在意義～

収益性分析	企業の収益獲得能力を分析する
安全性分析	企業の支払い能力や財務体質を分析する
活動性分析	企業活動の活発さを分析する

利益は、収益から費用を引いたもの。確かにその通りなのですが、ちょっと見方を変えてみましょう。

例えば、ある会社が1億円使ったとします。費用ですね。そして1億1千万円収益を得たとしましょう。

そうすると、利益は差額で1千万円になります。

では、こんなことを考えてみましょう。

市場(30)というものが一つあるとします。

会社は、市場に1億円使ったんです。労働とか物とか、市場内のいろんなものに1億円支払って、1億1千万円を市場から得ています。

そこで、逆に市場の立場に立って考えてみましょう。

市場の立場に立って考えると、1億円しかくれない会社に1億1千万円渡しているわけです。

つまり、ある意味、この市場というものが、その会社に投資というか、お金を渡しているのです。

その渡されたものが、会社にとって利益(31)なわけです。

(30)ほんとは物品の市場、労働の市場、いろんな市場があるんですけれども、それをぜーんぶ合わせて一つの市場と考えてください。

(31)つまり、市場から見れば、この会社の利益は支払の超過分になります。

(32)この他に、キャッシュ・フローに対する収益性もあります。後で扱います。

じゃあ、どうして**市場が**その会社に対して1千万円多く支払ったのか。それはやはり、その会社の方針、活動、扱ってるもの、経営の姿勢といったものに、存在意義があると考え、**高く評価し**、その分、市場は**その会社に投資した**わけです。そういう関係を持ってると考えてもらうのがいいと思います。

つまり、利益というのは、世の中（市場）から多くもらった分、それは**企業の存在意義**でもある。企業としては多くもらえるように頑張っていくべきですね。そんなイメージをしておいてもらえたらと思います。

さあ、収益性分析なんですが、ちょっと下の図をご覧ください。

収益性分析は、大きく分けて二つの視点(32)があります。

一つは、**資本に対する収益性**。

収益性分析

■ 収益性分析の２つの視点

企業の収益獲得能力は、主に２つの視点で分析することができます。

資本に対する収益性	株主から投資された資金や、企業が保有する資産に対する利益（儲け）の金額から、収益性を分析する。
売上に対する収益性	顧客に対する売上に対する利益（儲け）の金額から、収益性を分析する。

もう一つは、**売上に対する収益性**。

資本に対する収益性は、株主から投資された資金や企業が保有する資産(33)に対する利益の割合を見ていくという発想です。

売上に対する収益性は、売上に対する利益の割合から見ていきましょうという考え方です。

つまるところ、利益を何に対してみるのかという話になります。

どちらかというと、**資本に対しての利益**という視点は、**株主からの視点**です。株主にしてみれば、自分が投資した純資産に対して、会社がどれだけ利益をつけてくれているのか。というところが、株主の視点(34)になります。

売上に対する利益は、営業の担当者であり、部長さん、課長さんなどの管理職の人であり経営者であり、その**会社に属する人達**、みんながそれぞれの立場で見ていくことになります。

(33)他人資本（負債）と自己資本（純資産）の合計で総資産本は資産の額に一致するので、こう表現しています。

(34)もちろん、株主も売上に対しての利益も重視しますが、純資産に対するという視点は、株主の色合いが強いです。

(35)高い方が望ましい。なお、総資産は、総資本と言うこともあります。ちなみに学問的には、経常利益を分子とするなら、分母は当期の経営活動に参加した資産のみにするべきだという議論があり、具体的には建設仮勘定を差し引くべきということになります。でも、そんな細かいこと、気にしない気にしない。

まず、下の図から見ていきましょう。

資本に対する収益性として、総資産経常利益率[35]とあります。

会計用語が二つ並んでいる場合は、前が分母で、後ろが分子という関係がありました。

なので総資産経常利益率は、総資産分の経常利益に×100(%)[36]です。

もちろん、経常利益が分子に乗っていますので、高い方がニコニコしてます。逆に、低い方が青ざめています。

では、ちょっとこんなことを考えてみましょう。

会社が**「資産を持つのは一体なぜか？」**という問題です。

会社はなぜ資産を持つんでしょう？。

一つは、**売上の獲得**でしょう。資産を使って売上を得られるようにしたい。

収益性分析

収益性分析の２つの視点

総資産経常利益率

$$\frac{\text{経常利益}}{\text{総資産（資産合計）}} \times 100(\%)$$

企業が保有する総資産に対して、どれだけ経常的な利益があるかを示す指標。高いほうが望ましい。

売上の先には、売上を上げていても損失になってしまえば意味がないですから、資産を持つというのは、資産を使って、**利益を上げるため**に持つわけです。

そうすると、**経常利益**は、「経常的な活動に基づく利益」ですから、**会社が資産を使ってどれだけ経常的な利益を獲得してるのか**。ということを示す比率で、会社の状況を見るときの中心的な比率になっています。

次に、分子が変わります。

いわゆるROA(37)です。

ROAは日本語にすると**《総資産当期純利益率》**なので、分母が資産合計で、分子は当期純利益(38)です。

つまり、**「資産を使って結果的にどれだけ利益を残せましたか」**っていう問いかけに対する答えが、この**ROA**。総資産当期純利益になります。

なので、総資産分の当期純利益×100(%)で、もちろん高い方が望ましいです。

会社が保有する総資産に対して、固定資産売却益とか、災害損失とかの臨時的な活動も含めて、最終的にどれだけの利益を得たのかを見るのがROAです。

(36) 100%は1なので掛けても数字は変わらず、単位だけが%に変ります

(37) Return On Asset の略

(38) 結果的な利益でしたね。

(39) Return On Equity の略

(40) この利益が株主への配当の財源になるので株主は気にします。

(41) 従業員軽視の経営となることが多いので、個人的には嫌いです。

(42) 例えば、ROEが高い会社だけ集めた投資信託が出回っていて、人気商品になっていたりします。

これも、総資産経常利益率に匹敵する、重要な比率になります。

では、次へ行きましょう。

今度は、株主がとても気にしているROE[39]です。日本語では**《株主資本当期純利益率》**。

これは、株主の立場に立って考えてみてください。

皆さんが株主で、私の会社に投資したとしましょう。その投資は、会社としては株主資本という形で受け入れます。その受け入れた**株主資本に対して、会社がどれだけ純利益[40]を付けることができたのか**。これがROE《株主資本当期純利益率》になります。

この比率は株主重視の経営[41]が必須とされている昨今、非常に重視[42]されています。

収益性分析

資本に対する収益性

総資産当期純利益率（ROA）

$$\frac{\text{当期純利益}}{\text{総資産（資産合計）}} \times 100(\%)$$

企業が保有する総資産に対して、臨時的な活動も含めて最終的にどれだけの利益を得たのかを示す。高いほうが望ましい。

下の図の文を見ておきましょう。株主の出資に対して、最終的に株主に帰属する利益をどれくらい獲得できたかを表すことになります。

このROE、株主が気にするということは、株価を高くしておきたい経営者[43]も気にします。

ROEを上げるには、純利益を上げるか、株主資本を下げるか。このどちらかしかありません。

純利益を上げる。これは、会社としては**正当な動き**です。

もう一方の、**株主資本を下げる方法**。どうすれば下がるか分かりますか？

単純に、自己株式を買う[44]んです。市場に出回っている、自社の株式を余裕の資金で買っていくと、株主資本が小さくなるので、当期純利益が一定であったとしても、分母が小さくなるのでROEは高くなる。

収益性分析

資本に対する収益性

株主資本当期純利益率（ROE）

$$\frac{\text{当期純利益}}{\text{株主資本合計}} \times 100\,(\%)$$

株主の出資に対して、最終的に株主に帰属する利益がどれくらい獲得できたのかを示す。高いほうが望ましい。

ROEを下げるために自社株買いをする会社も多く、世間的には気にされている比率[45]です。

ただ、これは、**会計的にはおかしい**と思います。

それだけ余裕資金があれば、会社に借入金があれば、その借入金を返して、利息の支払い[46]を減らすことによって、当期純利益を上げた方が健全だと私は思います。

でも、世間的には、自社株買いをやってROEを上げて。なんていうことが、普通に行われています。

それぐらい気にされている比率です。

この辺りが、資本をベースにした比率ということになります。

(43)株価が上がれば、それが会社の評価になり、株式を発行しての資金調達もやりやすくなるばかりか、M&Aでどこかの会社を吸収するにも役に立つという状況があります。

(44)資本市場から集めてる資本を資本市場に返すことになります。

(45)算式からいくと分子をあげるより分母を下げた方が効果が大きいんですよね。

(46)支払利息

では、次に行きましょう。

売上高をベースにした比率です。

まず、**《売上高総利益率》**があります。

売上高総利益率。これも、会計用語が二つ並んでいます。前の売上高が分母、後ろの売上総利益が分子です。

売上高を省略することがあるので、単に総利益率といっても、それが全体とするもの、売上高が分母になるので同じことになります。


この比率は、何を表してる比率なのか分かりますか？

売上総利益というのは、売上から売上原価を差し引いたものです。売上高総利益率が高いということは、売上原価の割合が小さい[47]ということですね。

この比率は、その会社の扱っている**商品の商品力を表す**と言われています。

収益性分析

売上に対する収益性

売上高総利益率

$$\frac{\text{売上総利益}}{\text{売上高}} \times 100(\%)$$

商品や製品の販売から得た売上高と、売上高から売上原価を差し引いた売上総利益の割合。高い方が良い。

商品力が高い品物ってブランド品が代表例でしたね。

ブランド品は、特別に原価がかかっているわけじゃなくても、そのブランドがついてることによって、高い値段で売れる。そうすると、売上高が高く、原価が比較的小さくなります。

すると、そのブランドとしての商品力[48]が高いという話になります。

その売上高総利益率を、自社とライバル会社とで比べてみる。すると**「自社の商品力と、ライバル会社の商品力のどちらが強いんだ?」**ということが分かるわけです。

ライバルの方が商品力が強いとなれば「頑張って商品力を上げようよ」って話になっていくわけで、そういう判断をするときの一つの指標になってくれます。

(47)逆に、売上高総利益率が低いということは、売上原価の割合が高いということです。

(48)逆に、ノーブランドの品物の売上総利益率は低くなり、商品力が低いと見ることができます。

(49)売上の獲得のための活動です。

(50)逆に、営業がうまくいってないと比率は下がっていきます。

《売上高営業利益率》は、もちろん売上高分の営業利益です。もちろん×100（％）はあります。

ちょっと説明していきましょう。

通常の営業活動(49)から得られる売上高と、得られる利益の割合から、**営業活動による収益力を示す指標。**

これが売上高営業利益率です。

だから、会社として、営業がうまくいって利益が稼げている。というときには高く(50)なります。

つまり、この比率は、営業活動による利益を売上の何％残せたのか。ということを示しています。

ですから、売上原価だけでなく、営業経費（販売費及び一般管理費）込みで計算した利益率が売上高営業利益率です。

収益性分析

売上に対する収益性

売上高営業利益率

$$\frac{営業利益}{売上高}\times 100\,(\%)$$

売上高に対する本業による利益の割合。
高い方がいい。

次に、**《売上高経常利益率》**です。

売上高経常利益率は、売上高分の経常利益×100（％）です。

まず、経常利益を思い出してください。

経常利益は、営業利益に営業外収益を加え、営業外費用を差し引いたもの。

つまり、売上には関係しないものの、経常的な活動による収益費用を加味したもので、その**会社の実力を示す利益**でした。

この比率は、日本では資金調達のさいなどにとても重視される比率です。

もちろん、高い方がいい。ということになります。

収益性分析

売上に対する収益性

売上高経常利益率

$$\frac{\text{経常利益}}{\text{売上高}} \times 100(\%)$$

売上高に対して、会社の実力を示す指標。
利益をどれだけ獲得できたかを示す率。

最後に、**《売上高純利益率》**。

この売上高純利益率は、単に純利益率と言われることの方が多いように思います。

計算式は、売上高分の当期純利益×100（%）です。

当期純利益は、経常利益に臨時的な損益である特別利益を加え、特別損失を差し引き、税引前当期純利益を算定し、さらにそこから利益にかかる税金[51]を差し引いて計算されます。

つまり、当期の**結果的な利益**です。

売上高から始まって、すべての損益や税金まで差し引いた結果的な利益を、どれだけ残せたのかを表しています。

この後、この純利益を原資にして配当するという話になるので、株主なども注目する率になります。

もちろん、高い方がいいものです。

収益性分析

売上に対する収益性

売上高純利益率

$$\frac{\text{当期純利益}}{\text{売上高}} \times 100(\%)$$

売上高に対して、結果的にどれだけの利益が獲得できたかを示す率。

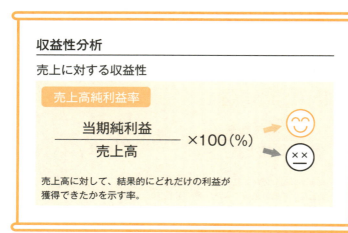

これらが、売上に対する利益の比率です。

次に、キャッシュ・フローに関わる比率として、**《売上高営業キャッシュ・フロー比率》**をみてみましょう。

営業キャッシュ・フロー[52]。覚えておられるでしょうか。

これは、会社として稼いだキャッシュでした。

売上高営業キャッシュ・フロー比率は、売上高の内「キャッシュとしてはどれだけ稼げましたか?」という問いかけに対する答えで、もちろん高い方がいい比率です。

通常の営業活動から得られる売上高から、実際に営業活動で獲得できたキャッシュの割合[53]を示しています。

また、キャッシュ・フローの分析には、**《フリー・キャッ**

収益性分析

売上に対する収益性

売上高営業キャッシュ・フロー比率

$$\frac{\text{営業キャッシュ・フロー}}{\text{売上高}} \times 100(\%)$$

通常の営業活動から得られる売上高から、
実際に営業活動で獲得できたキャッシュの割合を示す。
高いほうが望ましい。

シュ・フロー》が出てきます。

フリー・キャッシュ・フローは、フリー＝自由ですから、**自由に使えるキャッシュ・フロー**で、《営業活動によるキャッシュ・フロー　＋　投資活動によるキャッシュ・フロー》となります。

通常は、営業活動によるキャッシュ・フローはプラス、投資活動によるキャッシュ・フローはマイナスになり、この二つを足すので、その差額[54]になります。

つまり、稼いだ分（営業活動によるキャッシュ・フロー）から使った分（投資活動によるキャッシュ・フロー）を除いたのですから、**結果的に後は自由に使える分**です。

もちろん、多い方が嬉しいということではあります。

「借入金の返済などに充てられる資金的な余裕を示す指標」なので、この部分で借入金の返済をしたりという話になります。

キャッシュ・フロー

フリー・キャッシュ・フロー

営業活動によるキャッシュ・フロー
＋
投資活動によるキャッシュ・フロー

借入金の返済などに充てられる資金的な余裕を示す指標。この指標が大きいほど、資金的な余裕を意味するが、大きすぎる場合、余剰資金を有効活用できていないことも意味する。

この指標が大きいほど、資金的な余裕があることを意味しますが、大きすぎる場合、余剰資金を有効活用できていないことも意味します。すごく稼いでも、あまり使わない。で、利益がそこそこという企業は、投資家から見ると「オイオイ。そのお金、もっと使って儲けてくれよ。儲けた分で我々に配当出せよ。そうじゃないなら、別の経営者に代えろ」って言いたくなるわけです。

フリー・キャッシュ・フローは比率ではありません。単に金額です。○千万円とか、○億円という金額になります。

そして、このフリー・キャッシュ・フローを使った比率があります。

《売上高フリー・キャッシュ・フロー比率》です。

売上高のうち、どれだけフリー・キャッシュ・フロー

キャッシュ・フロー

売上高フリー・キャッシュ・フロー比率

$$\frac{\text{フリー・キャッシュ・フロー}}{\text{売上高}} \times 100(\%)$$

売上高のうち、どれだけをフリー・キャッシュ・フローとして残せたかを示す。基本的には高いほうが望ましい。

を残せたのか。当期の売上高の中から、自由に使える部分のお金をどれだけ残すことができたのか。というのがこの売上高フリー・キャッシュ・フロー比率ということになります。

もちろん、基本的には多く残せている方がいいということです。

最後に、**《当期純利益キャッシュ・フロー比率》**です。当期純利益分のキャッシュ・フローというとで「これ何キャッシュ・フローよ？」「営業なの？　投資なの？　財務なの？」っていうふうに思ってしまうんですけど、比率の中で単にキャッシュ・フローといったときは、正味キャッシュ・フロー[55]です。

最終的な利益、当期純利益のうち、最終的にどれだけキャッシュになったのかということを、当期純利益

キャッシュ・フロー

当期純利益キャッシュ・フロー比率

$$\frac{\text{キャッシュ・フロー}}{\text{当期純利益}} \times 100(\%)$$

最終的な利益に対して、キャッシュとして獲得できた割合を示す指標。高いほうが望ましい。

キャッシュ・フロー比率が表します。

もちろん、高い方が望ましい。ということになります。

基本的には、キャッシュ・フロー計算書の数字を使うんですが、売上高との関係、純利益との関係を見ていくということになります。

こういったところが、収益性分析で扱う指標です。

それぞれの意味と内容を掴んでおいてもらえたらと思います。

ポイント

- 収益性分析には、資本に対するもの。収益に対するもの。そして、キャッシュ・フローとの関係で見るものとがある。
- ＲＯＡは総資産当期純利益率。ＲＯＥは株主資本当期純利益率。
- 売上高総利益率は商品力の高低を。営業利益率は本業による儲ける力の強弱を。経常利益率は実力の有無を表す。

(51)法人税、住民税、事業税。

(52)キャッシュ・フロー計算書上の営業活動によるキャッシュ・フローのことです。

(53)得た果実（売上）の中に、どれだけ身（キャッシュ）が詰まっているか。のイメージです。

(54)もちろん営業活動によるキャッシュ・フローがマイナスだと両方マイナスということにもなるんですが。

(55)当期の活動で得たキャッシュの合計と考えていいです。

16 安全性分析

次に、『安全性分析』についてお話ししていきましょう。安全性分析では、企業の支払い能力や財務体質について分析していきます。

まず、会社が倒産するということを考えてみてください。

会社が倒産するというのは、なぜなのか、直接的な原因は何かと考えると、ついつい「儲からないから(56)」って考えてしまう方が多いです。

しかし、もう古い話なんですけど、今のＪＲグループ――ＪＲ東海、東日本、西日本、また九州も――４社も上場しましたが、あのＪＲグループは、昔、国鉄でした。

安全性分析

～危ない企業を見極める～

収益性分析	企業の収益獲得能力を分析する
安全性分析	企業の支払い能力や財務体質を分析する
活動性分析	企業活動の活発さを分析する

国鉄の頃は、毎年ものすごい額の赤字[57]を出し続けていました。それだけ赤字を出し続けた国鉄は、結局、倒産せずにＪＲになっていき、今では優良企業です。

あの国鉄が、なぜ倒産しなかったのか。あれだけ赤字を出し続けたのに……。

それは、「国がお金を入れ続けた」からです。

ですから、「儲からないから倒産する」んじゃないんです。**「お金がなくなるから倒産する」**んです。そこを、意識の中におきましょう。

企業の安全性を見る安全性分析というのは、お金・資産と、支払い・負債の話ですから、圧倒的に**貸借対照表の分析**ということになります。

そして、この分析には、二つの視点[58]があります。

一つ目が、**《流動性分析》**です。

企業の資金繰りの状況から、比較的短期の安全性を分析する。

だから、短期的な企業の**「支払い能力は大丈夫ですか?」っていう問いかけが**、**流動性分析**です。

これ、どういう人が使いますかね?

例えば、皆さんが商品を誰かに売ったとしましょう。そうすると、その段階で

(56)特に、簿記をやっていると、収益から費用を引いて、赤字になると倒産する。どうしても、そういうイメージになっていきます。

(57)「国が金を失うと書いて国鉄」とまでいわれていました。

(58)収益性でもそうでしたね。

売掛金という債権を持ちます。その債権がちゃんと返ってくるかどうか。これが非常に気になるはずです。

債権というものは、商品の仕入れルートの開拓から始まって、実際に仕入れ、営業担当を雇って営業し、やっと売り上げて得たもので、これを無事に回収することで、営業担当にも給料が支払え、仕入先にも代金が払える。

つまり、**債権を回収して、はじめてこれまでの連綿とした努力が報われる**わけですから、回収はとても大切です。

なので、この流動性分析で比較的短期の安全性を分析する**対象は**、まず、**売り先**になります。売り先がちゃんとお金を払ってくれるかどうかを分析します。

もし、この分析の結果、債権の回収が危ういとなったらどうします?

「取引しない」それは一番安全ですけど、利益もない

安全性分析

■ 安全性分析の２つの視点

企業の支払い能力は、主に２つの視点で分析することができます。

流動性分析	企業の資金繰りの状況から、比較的短期の安全性を分析する。
健全性分析	企業の財務体質の状況（負債が多すぎないか）から、比較的長期の安全性を分析する。

ですね。

「取引をする」としたらどうしましょう?

実はハッキリしています。**前金でもらえばいいんです**。商品を渡す前に、代金を前金でもらう(59)というようにしてしまえば、それで大丈夫なわけです。

これが、流動性分析に絡む話です。

もう一つが、**《健全性分析》**。

こっちは企業の財務体質ですから、今現在、お金があるかどうかじゃなくて、会社としての体質の問題です。

財務体質の状況**「負債が多すぎないか」といった視点**から、長期の安全性を分析することになります。

体質的に良ければ、長い間大丈夫でしょうし、逆に、体質が悪ければ、どこかでダメになっていくんじゃないかという視点(60)です。

では、これは、どういう人が、どういうときに見るのでしょう?

例えば、**仕入先を決めるとき**、仕入先は長期に安定していてもらわないと、商

(59)そうしておかないと、相手が倒産してお金がもらえない、もちろん渡した商品も返って来ない。という最悪の事態になる可能性があります。他に、信用のおける保証人を立ててもらう。という方法もあります。

(60)企業規模にもよります。

品の供給が止まったら、当社も、当社のお客さんも困ります。

また、長期でお金を貸す**銀行とかの金融機関の人たち**。この人たちも長期の安全性を気にします。

さらに、どこかの会社に投資をするというときも、その会社に、長い間かけて大きくなって欲しい(61)なって思うのですから、まずは、健全性(62)を気にして投資するかどうかを決めていくことになります。

もちろん、経営者は自社の状況の把握のためにも、一通りこういったことは気にしていくことになります。

安全性分析は、流動性に絡むものが短期。健全性が長期です。

短期の流動性を見るのなら、流動資産と流動負債を中心に分析することになります。

逆に、長期的な安全性を見るのなら、固定資産、固定負債、純資産、この辺りを中心に分析していくことになります。

まず、流動性分析から見ていきましょう。

(61)でも長い間かけてダメになってしまうと、お金返ってこなくなりますよね。

(62)逆に投機的な目的の人は関係ないですね。すぐに売って、儲かった、損したってやるのであれば、別に健全性ってのは気にすることはないと思います。

貸借対照表

（資産の部）		（負債の部）	
Ⅰ流動資産		Ⅰ流動負債	
1現金預金	10,000	1支払手形	10,000
2売掛金	20,000	2短期借入金	10,000
3商品	10,000	3修繕引当金	10,000
Ⅱ固定資産		Ⅱ固定負債	
(1)有形固定資産		1社債	10,000
1建物	20,000	2長期借入金	10,000
2備品	20,000	（純資産の部）	
(2)無形固定資産		Ⅰ株主資本	
1のれん	7,000	1資本金	20,000
2特許権	3,000	2資本剰余金	8,000
(3)投資その他の資産		3利益剰余金	15,000
1投資有価証券	10,000	Ⅱ評価・換算差額等	
		その他有価証券評価差額金	7,000
資産合計	100,000	負債・純資産合計	100,000

Ⅰ流動資産：短期的に現金化するもの

Ⅱ固定資産：企業の持つ設備

(2)無形固定資産：企業の持つ法的権利等

(3)投資その他の資産：投資および他に該当しないもの

Ⅰ流動負債：短期的に支払わなければならないもの

Ⅱ固定負債：長期的に支払えばいいもの

（純資産の部）：資産と負債の差額

Ⅰ株主資本：3級・2級で学んできた「資本」

流動性を見るための比率ですが、その中心になるのは**《流動比率》**です。

流動比率は、流動の次に、資産という言葉が隠れているんでしたね。流動比率は流動資産比率。だから、**分子は流動資産**。

そして、この比率が「流動負債を返せるかどうか」を見る比率なので、全体、つまり、**分母になるのは、流動負債**。これが流動比率[63]です。

つまり、短期に返済を要する流動負債に対して、短期に資金化する流動資産が、どれだけあるかを示す指標ですから、高い方が望ましい。ということになり、基本的に100%は超えていたい比率です。

100%を割りこんでしまうと「1年以内に現金化できるもの（流動資産）」で、「1年以内に現金で支払わなければならないもの（流動負債）」をまかないきれないこと

安全性分析

流動性分析　健全性分析

流動性分析

流動比率（銀行家比率）

$$\frac{\text{流動資産}}{\text{流動負債}} \times 100(\%)$$

短期に返済を要する流動負債に対して、
短期に資金化する流動資産がどれだけあるかを示す指標。
高いほう（100%以上）が望ましい。

を意味してます。

だからといって、危ないのかっていうと、実はそうでもない(64)んでしたね。

この銀行家比率、昔は200%以上が望ましいという話がありました。つまり、流動負債1に対して、流動資産2を持ってる。これが望ましいって書いてある本が、今でもあります。

じゃあ、どうして流動負債の2倍、流動資産を持ってるのがいいのかっていうと「流動資産を半額でたたき売っても、流動負債が返済できるから」だから200%以上が望ましい。という**へ理屈**を言ってきます。

でも、現実的じゃないですよね。

流動資産の中には、現金も入っています。皆さん、1万円札、9千9百円で売っていたら買いますよね。百円得しますもんね（笑）。半額で叩き売るなんて、そんな理屈どこにあんのって思うんですが、昔、こんなふうにいわれていた比率でもあります。

これが、流動比率です。

(63)流動比率は、別名、銀行家比率といわれます。銀行家は、流動資産　マイナス　流動負債の分なら貸せる。という視点で見ていたので、銀行家比率といわれています。

(64)流動資産の中の商品は原価です。でも、売ったら売価になって、膨らんで流動負債を返していけるという関係もあります。

(65)流動比率は良くなってしまいます。

(66)自分の意思ですぐにお金に換えられる資産。

(67)ただし、貸倒引当金があればこれを除きます。返ってこないであろう金額ですから。

では、次へ行きましょう。**《当座比率》**です。

当座比率は、**流動比率をさらに厳格に見たもの**です。

流動比率の分子、流動資産は不良在庫であっても膨らみます[65]。

そこでもう一歩踏み込んで、流動資産を当座資産に代えています。

じゃあ、当座資産とはなにかというと《その場で換金できる資産[66]》です。具体的には、現金預金は、お金そのものですから、当然、入ります。売掛金、受取手形、これも入ります[67]。すぐに回収できるはずです。

また、売買目的有価証券は市場があっていつでも売れるので、当座資産の中[68]に入ってきます。

当座資産は「きわめて短期的に流動負債を返済できるもの」ですから、主に貸借対照表の棚卸資産、つまり商品より上の項目[69]です。

安全性分析

流動性分析　健全性分析

流動性分析

当座比率

$$\frac{\text{当座資産}}{\text{流動負債}} \times 100(\%)$$

当座資産とは、その場で換金できる資産（B/Sで棚卸資産より上の項目）であり、きわめて短期に流動負債を返済できるもの。

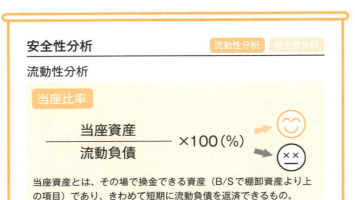

きわめて短期的に負債を返せるかどうかを表す、**当座比率**が**100%**ということは**「1年分の流動負債を今持っているお金で、全部返せますよ」**という状態を意味しています。非常にいい状態です。もちろん、高い方がいいという比率です。

次は、《有利子負債構成比率[70]》です。

(68)しかも、時価評価されているので、そのままの額で計算できます。

(69)商品などの棚卸資産は、相手が買ってくれない限りお金にはならない（自分の意思だけでお金に換えることはできない）ので入りません。それより上の部分が、当座資産となります。

(70)むしろ、長期の安全性に係る比率ですが、ここで扱います。

有利子負債というのは、読んで字のごとく、利息の有る負債。

負債の中でも、利息を支払うものと支払わないものとがあります。例えば、商品を買った買掛金に対して利息を支払うかというと、払わないです。

しかし、銀行から借り入れた借入金。これは当然、利息を取られます。社債も利息が取られます。あと、リース債務も利息を取られます。

つまり、**有利子負債は、借入金、社債、リース債務など利息の支払いを要する負債**で、その合計が分子に乗っています。

そして、その有利子負債が全体としているのは総資産、資産合計です。

仮に、有利子負債構成比率が30%としましょう。すると、その会社にあるすべての資産のうち30%は利息を支

安全性分析

流動性分析　健全性分析

有利子負債構成比率

$$\frac{\text{有利子負債合計}}{\text{総資産（資産合計）}} \times 100(\%)$$

企業の資産合計額に対して、有利子負債（借入金、社債、リース債務など利息の支払いを要する負債）がどれくらいあるかを示す。低いほうが望ましい。

払って維持されています。

逆に、利息を支払わないとこの会社の30%は維持できません。という状況を表しているわけです。

これが、有利子負債構成比率です。

総資産の内の有利子負債の割合が、どれだけあるのかという比率になります。もちろん低い方が望ましいです。

流動性分析の最後に、**《流動負債営業キャッシュ・フロー比率》**を見ておきましょう。

また会計用語が二つ並んでるパターンですね。前の流動負債が分母、後ろの営業キャッシュ・フローが分子ですから、流動負債分の営業キャッシュ・フロー×100(%)。

皆さんはもう、何を表す比率かイメージが湧くんじゃないでしょうか。

営業キャッシュ・フロー。つまり「当期に営業活動で

安全性分析

流動性分析　健全性分析

流動性分析

流動負債営業キャッシュ・フロー比率

$$\frac{\text{営業キャッシュ・フロー}}{\text{流動負債}} \times 100(\%)$$

短期に返済を要する流動負債に対して、営業活動でキャッシュをどれだけ稼いでいるかを示す。高いほうが望ましい。

得たキャッシュ・フローで流動負債の何割を返せますか？」という問いかけです。

基本的に、流動負債は、稼いだお金で返したい(71)ですね。その〝稼ぐ〟っていうところが、この営業キャッシュ・フローです。

つまり、**当期の稼ぎで、期末に残る流動負債をどれくらい返せるのか**という比率です。

もちろん高い方が望ましい比率(72)です。

これが、流動負債営業キャッシュ・フロー比率です。

では、次へ行きましょう。

企業の財務体質を見る、健全性分析です。

健全性分析の中心になる比率は、**《自己資本比率》**です。

自己資本比率の自己資本は、純資産と＝と考えていいので、自己資本比率は純資産比率と＝です。だから、純

安全性分析

流動性分析　健全性分析

健全性分析

自己資本比率

$$\frac{\text{純資産合計}}{\text{総資産（資産合計）}} \times 100(\%)$$

企業の資産合計額に対して、返済不要な純資産（自己資本）がどれくらいあるかを示す。高いほうが望ましい。

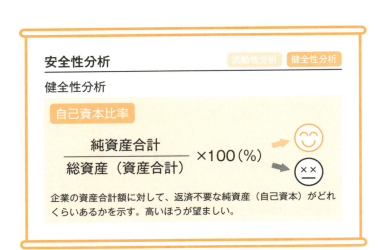

資産の合計を分子にしましょう。

そして、分母は全体。その純資産が全体としてるのは、もちろん総資産、資産の総額です。

つまり、**企業の資産合計額に対して、返さなくていい純資産。自己資本がどれぐらいあるかを示します。**

例えば、総資産が百億円ある会社としましょう。この内、返さなくていい純資産が40億円ある[73]。株主からもらったり、自分で稼いだりして、結果的に40億円は返さなくていい。すると、これで自己資本比率は40％[74]となります。

もちろん、この比率が高い方が、返さなくていい部分が多いわけですから、高い方がいい[75]。

これが自己資本比率で、健全性分析の中心になる比率です。

ここから、いろいろな比率がでてくるのでみてみましょう。

(71) 借り換えて返すよりいいですよね。

(72) これが100％を超えているということは、当期の営業活動で得たキャッシュで流動負債を全部返せますということを意味しています。

(73) 貸借対照表

資産	負債
資産 100億円	負債 60億円
	純資産 40億円

(74) 40億円÷100億円＝40％

(75) 逆に百億円総資産があるんだけど、純資産は1億円しかない。となると、自己資本比率1％となって、厳しい状況です。

次は、**《総資産負債比率》**です。

またまた会計用語が二つ並んでいるパターンなので、前の総資産分の、後の負債となります。

先ほど、総資産が百億円、そして自己資本、純資産が40億円としてました。ということは、負債は60億円ですね。つまり、総資産負債比率[76]は60％[77]となります。

企業の資産合計額に対して、返済が必要な負債が、どれぐらいあるかを示す。もちろん、返すのが少ない方がいいので。低い方がいい比率です。

安全性分析

流動性分析　健全性分析

健全性分析

総資産負債比率

$$\frac{\text{負債合計}}{\text{総資産（資産合計）}} \times 100(\%)$$

企業の資産合計額に対して、返済の必要な負債がどれくらいあるかを示す。低いほうが望ましい。

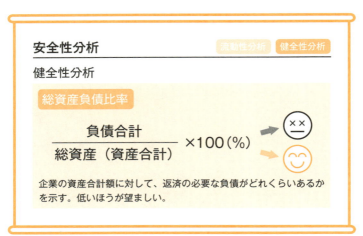

次へ行きましょう。

《純資産負債比率》です。

今度は、返済不要な純資産に対して、返済が必要な負債がどれくらいあるのかを示す。もちろん低い方が望ましい比率です。

純資産が40億円ある。負債が60億円あるとすると、返さなくていい純資産の、1・5倍返さなければならない負債があるということになり、純資産負債比率は150%(78)となります。

返さなくていい純資産と、返さなければならない負債の割合がこの比率です。

安全性分析

流動性分析　健全性分析

健全性分析

純資産負債比率

$$\frac{\text{負債合計}}{\text{純資産合計}} \times 100(\%)$$

返済不要な純資産に対して、返済の必要な負債がどれくらいあるかを示す。低いほうが望ましい。

さらに、**《純資産固定負債比率》**をみていきましょう。

純資産が40億円あり、負債が60億円あります。その60億円の負債の内、20億円が長期的に返せばいい固定負債としましょう[79]。

すると、これで40分の20なので、50％[80]。返さなくていい純資産に対して、長期で借りているのは50％ですということになります。

長期的な債務負担に対して、それを担保する自己資本がどれぐらいあるかを示す。長い間借り続けられるものに対して、返さなくていいものがどれだけあるのか。ということを、この比率で見ていくことになります。

安全性分析

流動性分析　健全性分析

健全性分析

純資産固定負債比率

$$\frac{\text{固定負債合計}}{\text{純資産合計}} \times 100\,(\%)$$

長期的な債務負担に対して、それを担保する自己資本がどれくらいあるかを示す。低いほうが望ましい。

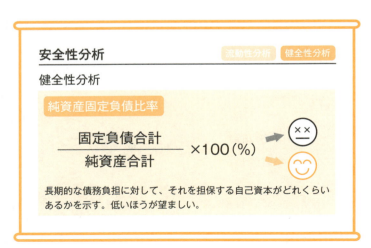

次へ行きます。

《固定比率》。

固定と比率の間に隠れているのは、資産ですね。さらに、固定（資産）比率で固定資産が全体としているのは返さなくていい純資産となり、純資産分の固定資産です。

この比率は、固定資産への投資[81]が、返済不要な自己資本、純資産の範囲内で行われているかどうかを示し100％以下[82]が望ましい。

今の例でいくと、純資産が40億円で、固定資産が、50億円あったとしましょう[83]。そうすると、返さなくていい純資産40億円を超えて、なかなか現金化できない固定資産に、資金を投入していることがわかります。

設備投資の健全性が、ここで見られるのです。

今の例でこれを計算すると125％[84]になります。これが固定比率です。

安全性分析

流動性分析　健全性分析

健全性分析

固定比率

$$\frac{\text{固定資産合計}}{\text{純資産合計}} \times 100(\%)$$

固定資産への投資が、返済不要な自己資本（純資産）の範囲内で行われているかを示す。低いほう（100%以下）が望ましい。

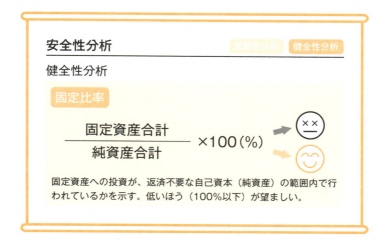

この割合ですが、昔は純資産で固定資産がまかなえない[85]会社の方が多かったんです。ということは、借入金などの負債で資金を調達して、固定資産を買っていたということです。

なので、まずこの固定比率で見て、固定資産に対する設備投資が、健全なのかを見ます。**100％以下であれば、健全**と思っていいでしょう。

100％を超えているという話になると「ちょっとどうだろう？」というところで、次を見ることになります。

(76) 自己資本比率と、総資産負債比率を足すと、100％になります。

(77) 負債60億円÷純資産100億円＝60％

(78) 負債60億円÷純資産40億円＝150％

(79) 貸借対照表

資産 100億円	流動負債 40億円
	固定負債 20億円
	純資産 40億円

(80) 固定負債20億円÷純資産40億円＝50％

(81) 工場だとか、建物だとか、子会社株式といった投資。

次は、**《固定長期適合率》**です。

先ほどの固定比率だと、固定資産の設備投資を純資産でまかなえない会社があまりにも多いので、**分母に**もう一つ加えます。

じゃあ、長期間返さなくていい**固定負債を加えて**「なかなか現金化しない固定資産との割合をみよう」と考えました。

そうすると、長期間返さなくていい固定負債と、返さなくていい純資産の合計で固定資産に対する設備投資がまかなえていますか、という問いかけ[86]になります。

すると、今の例[87]で60億円（40億円＋20億円）分の50億円なので、計算すると約83％になります。

こうなって、固定負債まで入れれば、100％以下になるな、ということがわかります。

固定資産への投資が、自己資本と、長期間返済不要な

安全性分析

流動性分析　健全性分析

健全性分析

固定長期適合率

$$\frac{\text{固定資産合計}}{\text{固定負債}+\text{純資産合計}} \times 100(\%)$$

固定資産への投資が、自己資本と長期間返済不要な固定負債の範囲内で行われているかを示す。低いほう（100％以下）が望ましい。

固定負債の範囲内で行われているかを示し、低い方が望ましい。

逆に、固定長期適合率が、100％を超えてしまうと、今度は、短期借入金など、1年以内に返さなければならないものからも、固定資産に投資してしまっていますよっていうことを表しています。

そうすると、なかなか現金化できない固定資産に対して、1年以内に支払わなければならない流動負債まで使って、固定資産に投資してしまっているので、その分、資金的には窮屈になってくる。とみることができます。

これが、健全性分析といわれる比率です。

ポイント

- **会社は、お金がなくなるから倒産する。**
- **貸借対照表に関する比率で、省略されるのは「資産」だけ。**
- **短期的な支払能力を見るのが流動性。長期的な財務体質を見るのが健全性。**

(82) 100％以下であれば、純資産よりも固定資産の方が小さい。つまり、なかなか現金化できない固定資産は、返さなくていい純資産でまかなっている状態です。

(83)(87)
貸借対照表

流動資産 50億円	流動負債 40億円
	固定負債 20億円
固定資産 50億円	純資産 40億円

(84) 固定資産50億円÷純資産40億円＝125％

(85) 高度成長の頃の話です。

(86) 固定比率で、100％以下なら、もう十分に健全なので、固定長期適合率を気にする必要はありません。

17 活動性分析

「元気があればなんでもできる[89]」

『活動性分析』についてお話ししていきましょう。

活動性分析は、企業が、活動的なのか、不活発な状態になっているのかを見ていきますが、これは、何を基準にして見るのかというと、売上高です。

売上が、どんどん**上がっているという状況**だと、基本的に**活発だという判断**をしますし、逆に、売上が上がらなくなってるっていう状況を、不活発だと判断することになります。

活動性分析の考え方は、主に二つあります。

一つは**《回転率》**で見ていく。

活動性分析

■ 活動性分析の考え方

活動性分析では、『回転率』と『回転期間』という概念で資産の活動性、企業活動の活発さを測ります。

回転率	投下した資本や資産が、一定期間（通常１年間）に何回、収益や利益によって回収されたかを示す指標。
回転期間	投下した資本や資産が１回転するのに要した期間（月数 or 日数）。

もう一つは、**《回転期間》**で見ていくということです。

まず、回転率と回転期間の関係を確認しておきましょう。

回転率は、投下した資本や資産が、**年間の売上高で何回回収されたか**を見ていくことになります。

例えば、棚卸資産の金額を、売上高で何回回転させられるだけ活発に動かせたか。そういったことを見ていきます。

もちろん、少ない棚卸資産、少ない在庫で、どんどん売上を上げられる方が会社としては活発だということになります。

対して、回転期間です。

回転期間[90]は、投下した資本や資産が、売上によって回収した資金で**一回転するのに要した期間**です。

分析指標のルール

$$○○回転率 = \frac{売上高}{○○}（回）$$

・棚卸資産回転率などは、分子を売上原価とすることもあるが、日本では売上高を用いられることが多い

$$○○回転期間 = \frac{○○}{売上高 \div 12カ月}（月）$$

・「12カ月」を「365日」とすると、日数単位で計算できる

もちろん、期間が短い方が活発であるということになります。

分析指標のルールを、思い出してください。○○回転率は、○○が分母でしたね。○○が分母で、売上高が分子にくる。これが○○回転率[91]でした。

そして、回転期間。

これは、売上高を12カ月で割ります。

つまり、月商です。月商で、この売上債権なら売上債権を割って何カ月[92]と計算するのでしたね。

これを思い出してもらって、次へ行きましょう。

3億円の設備を使って、年間12億円の売上を獲得しているという想定です。

まず、回転率で見ましょう。

売上高が12億円です。そして、3億円の設備です。

つまり、今3億円投入しました。それによって12億円

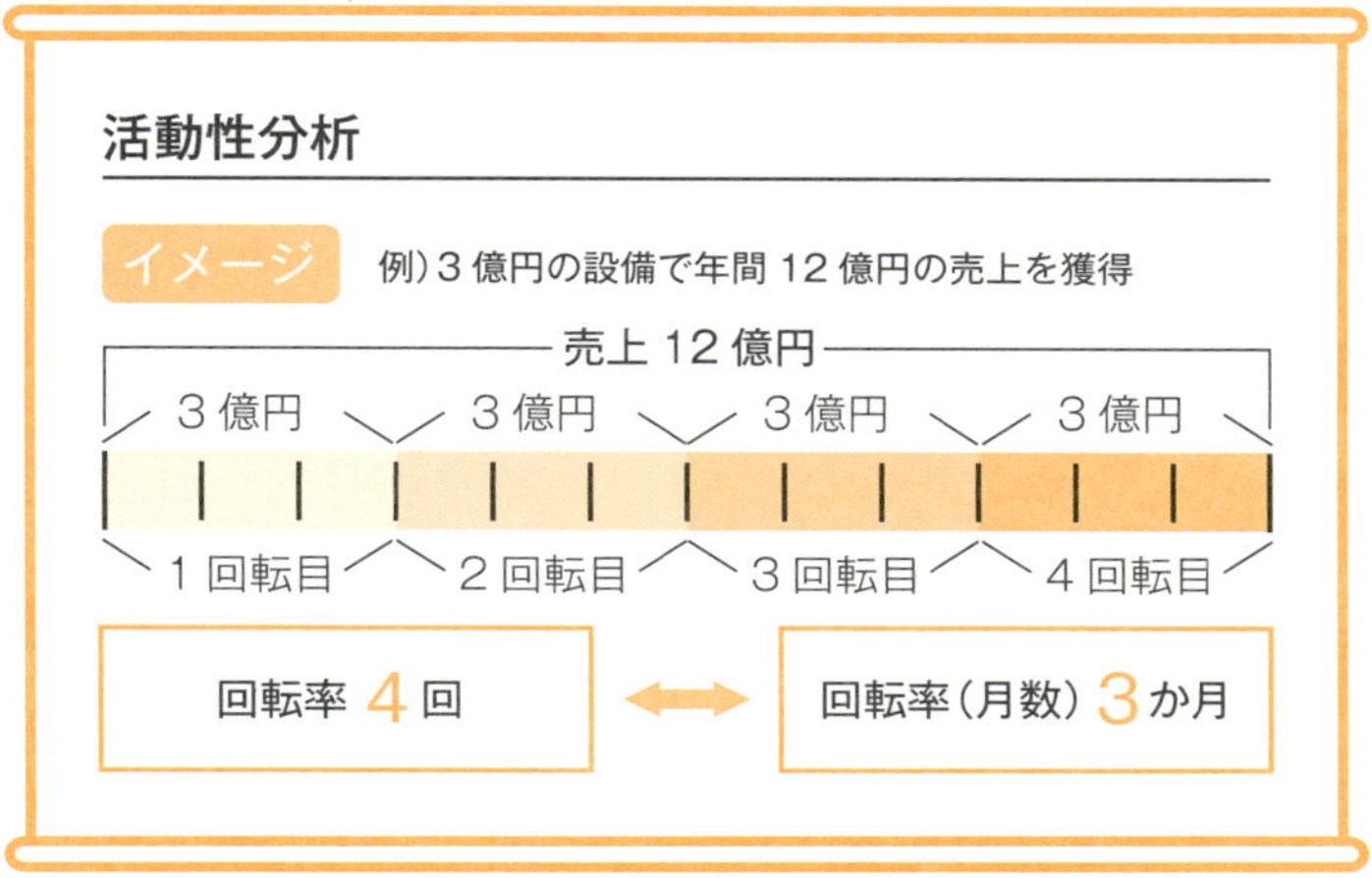

売上が上がります。ということは、この３億円の設備を売上で４回転、年に４回回収できているということが分かります。これが回転率です。

対して、回転期間で見ましょう。売上を12カ月で割ります。で12億円を12で割ると、１億円ですね。これが設備投資３億円の何カ月分かという計算。すると、３カ月に１回ずつ回収(93)してるということがわかってきます。回転率よりも、回転期間の方が、現実味を持って見れるんじゃないかなと思います。

こういうところを知っておきましょう。

最後に、月数を日数、つまり、月商を日商(94)に変えるとより細かく回転日数が計算できます。

活動性分析の基本的なところです。

では、活動性に関する分析を見ておきましょう。

(89)アントニオ猪木さんの代名詞ですね。

(90)棚卸資産ならすべての在庫が売れるまでの期間、売上債権ならすべての債権が回収されるまでの期間が回転期間です。

(91)棚卸資産回転率などは、分子を売上原価とすることもあるが、日本では売上高を用いられることが多い。

(92)例えば、売上高が120で、売上債権が20とした時に、売上高120を12で割って10。これが分母。そして、売上債権が20ですから、10分の20で２カ月。つまり、売上債権は発生後、２カ月で回収されているという状況を示しています。

まず、**《総資産回転率》**です。

総資産回転率は、総資産（資産合計）分の売上高です。

下の図をみてください。

売上高で、総資産を何回回収できたかを示す。

ほとんどの業種で、通常の状態であれば、**1に集約する不思議な比率**。としておきました。

この比率は、企業の状態にアタリをつける際に有効な比率で、状況がいいのか、悪いのかを一つの指標で見るなら、まずこれです。

面白いことに、総資産回転率は、大体の業種に共通して優良な状態の会社であれば、1をちょっと超えたあたりに集約します。

ほとんど業種を問わない、珍しい比率[95]です。

算式としては、総資産分の売上高です。「企業は、資産を何のために持っているのか」というと「売上を上げ

活動性分析

総資産回転率

$$\frac{\text{売上高}}{\text{総資産（資産合計）}}\ \text{（回）}$$

売上高で、総資産を（年間）何回回収できたかを示す。
ほとんどの業種で、通常の状態であれば1に集約する不思議な比率。企業の状態のあたりをつける際に有効。

るため」でしたね。どの業種でも大体は資産1円に対して、年間の売上高は1円というのが、基本的な形ということになります。

総資産分の売上高にして、例えば60%ぐらいしかなかった。総資産100に対して売上高60しかなかったとしましょう。そうすると「あまりよくないんじゃないかな」と思って他の比率を見始めます。「あれ？（分子の）売上高が、継続的に下がってきている(96)んじゃないかな？」とか「分母の総資産の中に、何かいらない資産を持っている(97)んじゃないか？」というふうに見ていきます。

なので、一番**最初にアタリをつけるには非常に使いやすい比率**です。これが、総資産回転率です。ちなみに、**個人的に一番好きな比率**です。

(93)回転率が4回ということは、回転期間にすると3カ月、3カ月で1回転していることを表しています。

(94)365日で割って回転日数を計算することができます。

(95)他の比率は、業種によってすごく違うんですが、なぜか総資産回転率は通常一に集約します。ちなみに、総合商社もIFRSを適用すると大体1になります。

(96)販売不振ですね。

(97)不良債権や不良在庫を抱えてるんじゃないか？

次に**《棚卸資産回転率》**です。

棚卸資産回転率は、棚卸資産分の売上高です。

棚卸資産を年間売上で、どれだけ回収できるのか。もちろん棚卸資産が小さくて、売上が大きければ、どんどんどんどん販売して、代金を回収し、商品（棚卸資産）を買って、また販売しているという形で回転していっている。在庫をあまり持たずに回転させているということになります。

活動性分析

棚卸資産回転率

$$\frac{\text{売上高}}{\text{棚卸資産}}\ (\text{回})$$

売上高で、棚卸資産を（年間）何回回収できたかを示す。
よく売れていれば高くなり、販売不振や不良在庫で低くなる。

さらに、**《売上債権回転率》**。

売上債権分の売上高です。

売上債権は、売掛金とか受取手形といった、営業債権を指します。これは、分子・分母を入れ替えて、分母の売上高を12カ月で割って、月商になおすと売上債権の回転期間。つまり、**債権の受取りサイト**になります。

もちろん、早く現金化するのに越したことはないので、短い方がいいものです。

活動性分析

売上債権回転率

$$\frac{\text{売上高}}{\text{売上（営業）債権}}\text{（回）}$$

売上高で、営業債権を（年間）何回回収できたかを示す。債権の回収活動が順調か否かを見る。不良債権があると債権が膨らみ、小さくなる。

受取り側もあれば、支払い側もあります。

《仕入債務回転率》。

これは、どれだけ商品の仕入代金を支払えているか。つまり、その会社の債務（買掛金と支払手形）の支払いに滞りがないかを見ることができます。

例えば、今年が仕入債務回転率が12回転だったとしましょう。12回転ということは、売上高120に対して、仕入債務が10ということで、1カ月分の売上で仕入債務を返していますよという状態です。

これが仕入債務が増えて6回転に変わった。20分の120になった。そうすると「債務を支払えてないんじゃないか？」**「資金不足に陥っていて支払いサイトを延ばしたんじゃないか？」**といったところも、この比率で見えてきます。活動性分析の分析指標はこのあたりを知っておいてください。

活動性分析

仕入債務回転率

$$\frac{\text{売上高}}{\text{仕入（営業）債務}}\text{（回）}$$

売上高で、仕入債務を（年間）何回支払っているかを示す。債務の支払いに滞りがないかを見る。企業の状態が悪化し、支払いが滞ると債務が膨らみ小さくなる。

18 従業員効率

これまで、モノ（資産）や、カネの活動性についてみてきましたが、それらを使うのは人ですから、最後に人の活動性として、『**従業員効率**』についてみていきましょう。

まず、**《1人1カ月売上高》**を計算しましょう。

従業員数×12カ月を分母として、分子に売上高。だから、従業員[98]1人が1カ月でどれだけの売上高を上げたかという計算です。

それとは別に、**《1人1カ月総費用》**を計算します。

これは、分母は従業員数×12カ月で一緒で、分子が売上原価＋販管費[99]になります。

従業員効率

1人1カ月売上高　$\dfrac{\text{売上高}}{\text{従業員数}\times 12\text{カ月}}$（円）

1人1カ月総費用　$\dfrac{\text{売上原価}+\text{販管費}}{\text{従業員数}\times 12\text{カ月}}$（円）

差額

差額は、1人の従業員が1カ月に自分の給料を除き、その他にいくら会社に残せたかを示すので大きい方がよい。

つまり、従業員1人にかかった売上原価も含めた総費用という比率です。

この二つの比率で**大事なのは、その差額**です。1人1カ月当たりの売上高と、1人1カ月当たりの総費用の差額を計算します。

販管費の中には、その従業員の給料も入っているので、1カ月働いて、売上に貢献し、1カ月分の自分の給料ももらい、売上原価も差し引き、その差額[100]。

例えば、この**差額が10万円**あったとするなら、その人は1カ月働いて、売上に貢献し、1カ月原価もかかり、給料ももらい、でも**「その他に10万円会社に残しました」**ということを意味しています。これが従業員効率[101]です。

もちろん、たくさん残してくれる方がいいです。

そういった従業員の効率を見る比率になっています。

ポイント

- 活動性は売上高に対して、どれだけ回転しているかで見る。
- 回転期間にすると、債権の回収サイトや債務の支払いサイトが見れる。
- 人の効率は、結局、一人あたりの営業利益。

(98)従業員数には、臨時雇用の人数も入れた方がいいと思います。その人たちも収益に貢献しますので。

(99)損益計算書上の販売費及び一般管理費を指します。

(100)この算式からいくと、1人当たりの営業利益になります。

(101)見方を変えると、この差額は、自分の給料がこの後どのぐらい上がる余地があるのかを示しているとも言えます。

コラム

～信用調査会社の分析表 ②～

すると、「ああ、そうか、そうか。それは良かったな。それはこれからいいことあるよ」って言われて「取材に来た人に有体に話をしなさい。そして傍らに封筒に入れた5千円分のオレンジカードを用意しておいて、取材が終わったら〝ご苦労様でした〟と言って相手に渡しなさい。そうしたら評定の点数の下一桁が9になる」って言うんですね。

先輩社長いわく、「財務分析表の数字で何十点台かは決まるけど下一桁は、結局は取材に来た人の印象点になる。だから、そうしておくと、下一桁が9になる」と言われたんで、本当にやってみたんですよ。

そして、後でこっそり見てみたら本当に下一桁が9だったんです。

この話は会社を作って間もなくだったからということも多分にあると思いますけどね。あながちウソではないのかもしれないとは思うんですが（笑）

第3部
財務諸表の読み方

第3部 財務諸表の読み方

いよいよ、『財務諸表の読み方』です。立場別に、財務諸表の読み方についてお話ししていきたいと思います。

立場は、こんなふうにいろいろとあります。

いずれの立場に立つにしても、その立場なりに相手先に対して知りたいこと**《問いかけたいこと》**があるはずです。

その**問いかけに対する答えが、財務分析の結果**になります。

ですから、問いかけないことには始まらないのです。

そして、**問いかけそのものが財務分析の比率**。つまり、

第３部　財務諸表の読み方

1. 営業担当（売り手）としての読み方
2. 債権者（金融機関）の読み方
3. 購買担当（買い手）としての読み方
4. 投資家としての読み方
5. 経営者の読み方～競合比較～
6. 従業員（就職先）の読み方

指標となります。

また、目的による分類も確認しておきましょう。

収益性、安全性、活動性といった中心的な分析の他に、生産効率をみる生産性分析、以前に比べてどうかをみる成長性分析といった分析もあります。

「財務分析」の分類

■ 立場によって異なる分析

どのような立場（状況）で財務分析を行うか（企業を分析するか）により、中心となる財務分析が異なります。

経営者（自社、競合）	収益性分析、安全性分析、活動性分析、生産性分析、成長性分析
株主	収益性分析、活動性分析、成長性分析
債権者	安全性分析
売り先	安全性分析、収益性分析、成長性分析
買い手	収益性分析、安全性分析、生産性分析

「財務分析」の分類

■ 目的による分類

どのような目的で財務分析を行うか（企業を分析するか）により、使用する財務分析指標が異なります。

収益性分析	企業の収益獲得能力を分析する
安全性分析	企業の支払い能力（健全性）を分析する
活動性分析	企業活動の活発さを分析する
生産性分析	企業の生産活動の効率性を分析する
成長性分析	企業の発展度合いを分析する

19 営業担当(売り手)としての読み方

では、営業担当の読み方です。

皆さんは、営業担当者です。自分の会社を背負って、日々売上獲得のために頑張って働いています。そんな営業担当である皆さんは「売ればいい」って思いがちですが、決して、それだけでは済まされません。「売る」という行為の後に「回収する」という行為があって、初めて会社として利益が得られて仕入代金も従業員の給料も支払える[1]んです。

そのため、ちゃんと**「代金を支払ってくれますか？」**と営業担当である皆さんは、売り先に問いかけます。その答えを求めて相手の決算書[2]を見るわけです。

1．営業担当の読み方

- 代金を支払ってくれますか？
  ①流動比率　②当座比率
- 倒産したりしないよね？
  ①自己資本比率　②有利子負債構成比率
- ちゃんと儲かっていますか？
  ①売上高営業利益率　②売上高経常利益率
- 「値上げして」って言ったらどうなるだろう？
  ①売上高増加率　②売上高総利益率

では、何を見るでしょう?

やはり、流動比率(3)ですね。

自分が商品を売るということは、相手にとって仕入債務という流動負債になる。その流動負債を支払うだけの流動資産があるか、ないかですから、まず流動比率を見ます。

そして、もっと厳格に見るなら、当座比率(4)です。当座資産で流動負債をどのくらい返せる力があるのか。これが100%あれば「ああ、これは大丈夫だ」と思って売れるわけです。

次に、流動比率があまりよろしくないとなると**「倒産したりしないよね?」**って問いたくなります。

そうすると、自己資本比率(5)。

どれだけの純資産を持っているのか。

さらに、倒産というのは借金を返せないということですから、**有利子負債構成比率**。利息の付く借金の割合がどれぐらいあるのかといった辺りをみていくことになるでしょう。

(1)お金を支払う気がない相手にならなんぼでも売れるはずです。相手はお金を払う気がないんですから、いくらでも買いますよね。

(2)直接、売り先に聞いたら、状況が悪くても「支払います」って言うに決まってますからね。

(3)流動資産÷流動負債×100(%)

(4)当座資産÷流動負債×100(%)

(5)純資産÷総資産×100(%)

そして**「売った先がちゃんと儲けているのだろうか？」**という問いに対し「全然儲かっていない」という話になると、後々、代金の支払いを渋られたり、値段を下げてくれと言われたりする可能性があるので「ちゃんと儲かっていますか？」と問いたくなってくるでしょう。

そこで、**売上高営業利益率**や**売上高経常利益率**というところを見て、ちゃんと儲かっているのなら「大丈夫」そうでないなら「売り先として発展性はなさそうだぞ」という話になりそうです。

あと、売る立場からすると「値上げして[(6)]」って言いたいですよね。

そうすると**「値上げしてって言ったらどうなるだろう」**これも気になるところでしょう。

すると、こちらが「値上げして」って言ったときに、相手が「分かりました。少し値上げしましょう」って言ってもらえる環境に相手があるか、ないかを見ていけばいいわけです。

相手の売上高が減っているのに、値上げてしまうと相手を追い込んでいく[(7)]ことになる可能性があるでしょう。

(6)今まで百円で売っていたものを110円で売れたら10円は丸々利益ですからね。

(7)値上げなどと言わずに、一緒に耐える時間帯と考えた方がいい。

そうすると、**売上高増加率**でしょう。

さらに、利益がすごく出ている。販売益がすごく出ていれば、仕入原価を少し上げてくれる可能性があります。

そうすると、**売上高総利益率**。こういったあたりを見ることになるでしょう。

特に、売り先の売上高総利益率を気にしておけば、相手がうちから買うことによって、どれだけ儲けているのか、逆にうちの利益率が1割しかないのに、納品した先の利益率が5割ぐらいあるという話だと「**もうちょっとお願いしますよ**」って話を仕掛けていくことになると思います。

こんなところが営業担当として見ていく比率になるでしょう。

ポイント

- **営業担当なら、まずは流動比率。当座比率。**
- **値上げ交渉するなら、相手先の売上高増加率、売上高総利益率を知ってから。**

20 債権者（金融機関など）の読み方

では、債権者の場合を見てみましょう。

企業間でお金の貸し借りをすることはまれなので、ここでは、**債権者＝銀行**と考えることにしましょう。すると、銀行はモノを売った債権を持つ取引先(8)と違って、利息をとって長い期間で返してもらうことになります。

そうすると、その会社自体の**「返済能力は大丈夫か？」**と問いたくなります。

この長期的な返済能力を見るにあたって、まず、自己資本比率(9)。財務体質として健全な状況かどうかで、有利子負債構成比率(10)。さらに、仕入債務回転率(11)。これは、仕入代金が支払えなくなると仕入債務回転率が下がって

2. 債権者（金融機関など）の読み方

- 返済能力は大丈夫か？
  ①自己資本比率　②有利子負債構成比率
  ③仕入債務回転率　④フリー・キャッシュ・フロー
- ちゃんと儲かっていますか？
  ①売上高営業利益率　②売上高経常利益率
- 投資しすぎていないかな？
  ①固定長期適合率　②棚卸資産回転率
- 今期、ちゃんと返済してくれるかな？
  ①流動比率　②当座比率

くるので、何年か見てみて仕入債務回転率が低くなっていないか、代金の支払いを渋っていたりしていないかを見るのです。

最後に、フリー・キャッシュ・フロー(12)。自由に使えるお金が、返済の原資になるのでフリー・キャッシュ・フローをどれくらい生めているのかを聞きたくなるでしょう。こういった比率を使って見ていっていくということになります。

次に**「ちゃんと儲かっていますか？」**やはり返済の原資(13)は、損益計算書上の利益ですから、利益がちゃんと出ているかどうかを見るために、本業の状況を売上高営業利益率(14)でみたり、会社の実力を売上高経常利益率(15)を使って見ていくことになるでしょう。

また、貸した先が固定資産にドカーンと投資してしまって、その固定資産がうまく稼働していなくて、営業資金が足らなくなってきている。なんて可能性もあります。

そうすると**「投資しすぎてはいないだろうか？」**を見ていくために、固定比率(16)や固定長期適合率(17)。

これがあまりにも大きくなっていると、ちょっとこれは投資しすぎているぞ。

(8)モノを売った代金は短い期間で返してもらうので流動比率や当座比率を気にしていました。

(9)純資産÷総資産×100(%)

(10)有利子負債÷総資産×100(%)

(11)売上高÷仕入債務(回)

(12)営業活動によるキャッシュ・フロー+投資活動によるキャッシュ・フロー。

(13)実務上、損益計算書上の利益に、減価償却費を加えたものを返済の原資と考えることがあります。

(14)営業利益÷売上高×100(%)

これ以上の設備投資はさせられないぞ。という話になるでしょう。

さらに、同じ投資しすぎだとしても、棚卸資産に投資している。在庫を抱えるという形で在庫投資をしているという可能性もあります。そうすると、不良在庫になって資金不足からの倒産もあり得るので、あらかじめ棚卸資産回転率[18]をチェックしておく必要もでてくるでしょう。

そして、目の前の問題として「今期、ちゃんと返してくれるかどうか」も気になるでしょうね。そうすると、やはり流動比率[19]、当座比率[20]で**「返すだけのお金を持っていますか？」**と問いたくなると思います。

債権者の立場に立って考えるとこのあたりが気になるところでしょう。

ポイント

- **長期的な債権なら自己資本比率、有利子負債構成比率。**
- **短期的な債権なら流動比率、当座比率。**

(15) 経常利益÷売上高×100（%）
(16) 固定資産÷純資産×100（%）
(17) 固定資産÷（固定負債＋純資産）×100（%）
(18) 売上高÷棚卸資産（回）
(19) 流動資産÷流動負債×100（%）
(20) 当座資産÷流動負債×100（%）

21 購買担当(買い手)としての読み方

では、購買担当。モノを買う立場に立った場合です。

皆さんがある会社の購買担当者[21]だったとしましょう。

皆さんは、相手先に何を望みますか？ もちろん、安く仕入れたいというのは当然あります。

例えば、機械を作っているとしましょう。その機械の部品を仕入れているとします。そうすると、この部品が入ってこなくなったら、機械が作れない。売れない。資金がなくなる。なんてことが起こります。

すると、やはり一番聞きたくなるのは**「安定供給してくれますか？」**ですよね。

3. 購買担当（買い手）の読み方

- 倒産せずに安定供給してくれますか？
  ①自己資本比率　②有利子負債構成比率
  ③当座比率　④売上高純利益率
- ちゃんと設備投資してくれているかな？
  ①有形固定資産増加率　②売上原価率
- 「値下げして」って言ったらどうなるだろう？
  ①売上高総利益率
- 他のところの支払いサイトは？
  ①売上債権回転月数

相手の会社が安定しているかどうかを見るということになるので、まず、財務体質をみる自己資本比率[22]。

借金まみれになられていても困るので、有利子負債構成比率[23]。

黒字でもお金がなくなったら倒産する[24]ので、**当座比率**。

そして、売上高に対してどれだけ純利益を得ているのかを知るために、売上高純利益率[25]。こういったところが、安定供給の指標として見ていくことになります。

さあ、次です。

相手先から継続的にある商品を一定の金額で仕入れていました。しかし、ふと気づくとその製造方法が時代遅れ[26]になっている可能性があります。**「ちゃんと設備投資して時代に合ったいいものをうちに供給してくれているのだろうか？」**そういう問いかけが出てきます。

設備投資をすると、有形固定資産が増えるので有形固定資産増加率[27]を計算します。有形固定資産は、新しい投資がなければ、減価償却[28]して金額が減ってい

(21) 商品や材料や部品の仕入れ担当
(22) 純資産÷総資産×100（%）
(23) 有利子負債÷総資産×100（%）
(24) 黒字倒産といいます。
(25) 純利益÷売上高×100（%）
(26) 時代に合わない高額での仕入れとなっていることがあります。
(27) 前期末に比べて有形固定資産がどれだけ増えたのかを見る率。（当期末有形固定資産−前期末有形固定資産）÷前期末有形固定資産×100（%）

きます。

減った分に対して、新たに会社として、「じゃあ、今期はこの設備を整えてこの製品を、より良くより安くできるようにしよう」とか、そうやって投資していくわけです。

そう考えると、有形固定資産が増えているという状況であれば、相手は効率的に安く作って、いいものを入れてくれているのではないかと推測することができます。

また、設備投資によって安く作れるようになれば、仕入先の売上原価率も下がる[29]はずですから、この点もチェックのしどころです。

皆さん、購買担当だったらやっぱり安く仕入れたいですよね。そうすると相手に**「値下げして」**って言いたくなる。

さぁ、このとき何を見るのか。やはり、売上高総利益率[30]です。仕入先の会社の売上高総利益率を見てみましょう。この利益率を見れば「どのくらい相手が儲けているのか」が分かるので、どれぐらい「値下げして」って言えるのか、そう

(28)使用などにより価値が減り、その分が費用化することをいいます。

(29)しばらくすると、値下げ交渉にもっていくこともできるでしょう。

(30)売上総利益÷売上高

いったところもここで見ることができます。

これ、経験したことがあるんですが、取引先の創業78年の歴史のある出版社H社が倒産しました。

うちはその会社の本の原稿を書いて、印税をもらっていました。

そのH社が倒産して260万円くらい、焦げ付く(31)という場面があったんです。これが悔しくってね。本の企画に始まって一行目から自分たちで書いているわけじゃないですか。それが本になり、お客さんが買ってくれて、印税になっているのに、自分たちに返ってこなかったのですから、「非常に悔しい」と思いました。

それでどうしたかというと、うちは出版を始めて2年目ぐらいでしたから、創業78年のH社だったら、当然いろいろと良い条件で本を作っていただろうって考えたんです。

そして債権者として、H社の取引先を一軒一軒当たって行ったんです。「うちよりもいい条件で、いい仕事をしてくれる会社を見つけよう。そうすれば印税の260万円はダメでも、**他のコストを下げれば取り返せる**」と思ったんです。

(31)回収不能となる。

それで、入力会社、編集プロダクション、印刷会社、製本会社を一通り洗ったんですけど、なんとうちより高いんですよ。創業二年目の、なんの歴史もないうちよりも78年もやってきたH社の方が、原価が何倍も高いんです。これは驚きました。やっぱり倒産するっていうのはそういうことなんだなあって思いました。

でも、その中で唯一、紙だけはうちよりも安かったんです。

紙の流通って大きな製紙会社がありますね。あの製紙会社は出版社に直には売らないんです。間に○×紙パルプ商事とか、そういう一次卸といわれる会社に卸すんです。そこからさらに二次卸、三次卸、四次卸ってあって、駆け出しの出版社はなかなか一次卸との関係が作れなくって二次卸や三次卸から買うっていうのが現実的なところです。

うちも当時、二次卸から買っていたんです。その創業78年のH社は、一次卸から買っていたんで、紙だけはうちより安い。うちも**「なんとか紙を一次卸から買えるようにしよう」**と思って一次卸のH社の担当者を見つけて、交渉を仕掛ける(32)わけです。その時に何をしたかといいますと、一時卸は上場していますから、その売上総利益を見ます。すると売上高総利益率が10％くらいです。

(32) 一次卸のH社担当だった人は、得意先を失っているので、何とか別の取引先を見つけて補いたいと思っています。そこにアタックします。

ということは、製紙会社から90円で買ったものを一次卸は100円にして、二次卸に卸しているわけです。我々はさらに、二次卸の利益が、少なくとも10％乗っかった、110円くらいで買っているわけです。

ということは、一次卸から買うということは、二次卸の利益分10％はカットできるので、一次卸の営業担当者に「今買っている金額(33)**の10％引きにしてくれ**」という交渉を仕掛けました。そしてなんとか10％近く下げてもらって、一次卸から紙を買うということを実現しました。

「値下げして」って言うためには売上高総利益率で見ていけば、単に「下げてください」(34)ではなく**「○円下げて下さい」**と言えるので交渉の仕方が見えてきます。

また**「他の取引元の支払いサイトは？」**と聞きたくなることもあるかと思います。

例えば、うちは1カ月後に現金で支払っているのに、仕入先の売上債権回転月数が3カ月なら「他社からは3カ月後にしか回収していない」ということがわか

(33)二次卸から買っている金額です。

(34)単に「下げてください」では相手の可能な範囲の話にしかなりません。

ります。そうすると「他社はもっと長いサイトにしているんじゃないですか。うちにもそれを適用して(35)くださいよ」という交渉ができるわけです。

売上債権回転月数を見れば、その会社の平均的な回収サイトが分かり、当社の契約が、他よりも不利な状況になっていないかを調べることに役立ちます。

これが購買担当の読み方です。

(35)代金はなるべく遅く支払った方が有利なのは間違いありません。

ポイント

- 購買担当者なら、相手先からの安定供給が最優先。自己資本比率、有利子負債構成比率。
- 「値下げしてください」と言う前に、売上高総利益率のチェック。

22 投資家としての読み方

　次は、みなさんが投資家だったら、相手先にどんな問いかけをし、どんな比率を使って見て投資していくのかを考えてみましょう。

　一般的には、１株当たり純資産(36)（ＢＰＳ）と株価を比較して、**株価が１株当たりの純資産を下まわっていれば**、会社の資産をバラバラにして売却しても、損はしないはずだから、割安で**「買おう！」**とかいいます。

　しかし、実際に会社をバラバラにして売却したら、商品は叩き売ることになるでしょうし、有形固定資産やソフトウエアは、ほぼ無価値になるでしょうから、**あまり意味のある計算だとは思えません。**

４. 投資家の読み方

■ 全体的にどうかな？
　①総資産回転率　②自己資本比率
　③フリー・キャッシュ・フロー　④ROE　⑤経常利益増加率

■ ちゃんと儲かっているかな？商品力は？
　①売上高総利益率　②売上高営業利益率　③売上高経常利益率

■ 借金しすぎていないかな
　①有利子負債構成比率　②流動比率

■ 人は、どうだろうか？
　①１人１カ月売上高　②１人１カ月総費用

また、当期純利益のうちどれだけを配当に回してくれるのかという配当性向[37]が高い会社がいいという考えもありますが、これも程度の問題で、純利益を配当に回すということは、設備投資や従業員に回せないということを意味しているので、長期的に見ると、高いからいい。というものでもないでしょう。


ここからは、**個人的な考え**なんですが、そもそも投資というものは**《自分のお金に働いてもらう》**という、お金の就職先を決めるようなものだと思うんです。

自分自身が、トヨタで働くことはできなくても、自分のお金にトヨタで働いてもらって、その分配を得ることはできるので、そういう行為だと思っています。

ただ、お金ですから人間と違って、細分化して働いてもらえる。

そこでまず、**時流を考える**。

少子高齢化、ＡＩ化、ロボット化、国際化、こういったものは変えようがない。

次に**わからないものをわからないとする**。

円高、円安、どうなるかなんてわからない。でも、円高になれば円安にはならないし、逆も逆。どちらかになることだけはわかっている。

(36)純資産÷発行済み株式数
(37)配当金÷当期純利益×100（%）

だったら、時流に合った会社の中で、**円高のときに強い会社群、円安のときに強い会社群に分けて財務分析を行い、その中で1社ずつ選んで投資**して、どちらかに振れたときに、儲かる方を売って、また待てばいい。

選んでいくときに「全体的にどうかな?」で、総資産回転率[38]。「安定してるかな?」で、自己資本比率[39]。「お金を生めてるかな?」で、フリー・キャッシュ・フロー[40]。そして定番のROE[41]や経常利益増加率[42]といったところを気にします。

また「ちゃんと儲かっているかな?　商品力は?」で、商品力を表す売上高総利益率[43]。本業の売上高営業利益率[44]。実力の売上高経常利益率[45]を見て、あとは倒産されると困るので「借金しすぎてないかな」で、有利子負債構成比率[46]。支払能力で、流動比率[47]。

最後は、人が大事なので「人は、どうだろうか?」で、従業員効率[48]あたりをみます。

ポイント

● 投資とは、自分のお金の働き先を決める行為

(38)売上高÷総資産×100(%)
(39)純資産÷総資産×100(%)
(40)営業活動によるキャッシュ・フロー+投資活動によるキャッシュ・フロー
(41)純利益÷株主資本×100(%)
(42)(当期経常利益−前期経常利益)÷前期経常利益×100(%)
(43)売上総利益÷売上高×100(%)
(44)営業利益÷売上高×100(%)
(45)経常利益÷売上高×100(%)
(46)有利子負債÷総資産×100(%)
(47)流動資産÷流動負債
(48)1人あたりの売上高−1人あたりの総費用

23 経営者の読み方 〜競合比較〜

そして、経営者です。

経営するとなると、ありとあらゆる所を見ないといけないんですが、まず考えなければならないのは、**自分の会社が「去年と比べてどうなのか」**です。

さらに**「ライバル企業と比べてどうなんだろう」**ということで競合との比較という問題が出てきます。ですから、主なものとして対前年比較と対ライバルの比較という、二つの視点で見ていくことになります。

まず、**「全体的にどうかな？」**というところで、総資産回転率(49)が去年と比べてどうだろうか、またライバルと比べてどうだろうか。そういう見方からです。

5. 経営者の読み方〜競合比較〜

■ 全体的にどうかな？

①総資産回転率　②自己資本比率　③ROA

④売上高増加率　⑤経常利益増加率

■ ちゃんと儲かっているかな？商品力は？

①売上高総利益率　②売上高営業利益率　③売上高経常利益率

■ 借金しすぎていないかな

①有利子負債構成比率　②当座比率

■ 人は、どうだろうか？

①１人１カ月売上高　②１人１カ月総費用

自己資本比率[50]、そして、売上高増加率[51]も「去年と比べてどうだろう」「ライバルと比べてどうだろう」と気にします。

例えば、うちの会社は売上が落ちているのに、ライバルは売上を伸ばしている。同じ市場にある会社なので、当社に何か原因があるはずと考えます。

また、経常利益増加率[52]なんかもそうでしょうし、ROA[53]なんかも「全体的にどうかな?」と思ってみる指標になります。

そして**「ちゃんと儲かっているかな? 商品力は?」**と収益性を気にします。それにはやはり、売上高総利益率[54]ですね。ライバルと比べて「商品力はどうだろうか」「昨年、一昨年と比べて、うちの商品力下がっていないだろうか」そういうところを見ていきます。

さらに**「本業はどうだろうか」**と売上高営業利益率[55]。「正常な状態の実力はどうだろうか」と売上高経常利益率[56]といったところも見ていきます。

「借金しすぎていないかな?[57]」というところで、有利子負債構成比率[58]。借金を返せなくなる[59]と大変なので、気になりますね。

また「人は、どうだろうか?」という視点も大いに気になるところです。そこで、

(49)売上高÷総資産×100(%)

(50)純資産÷総資産×100(%)

(51)(当期営業利益－前期営業利益)÷前期営業利益×100(%)

(52)(当期経常利益－前期経常利益)÷前期経常利益×100(%)

(53)当期純利益÷総資産×100(%)

(54)売上総利益÷売上高

(55)営業利益÷売上高×100(%)

(56)経常利益÷売上高×100(%)

従業員効率。**「うちの会社の従業員効率と、ライバルの会社の従業員効率は、どっちがいいんだろう」**といったところも経営者は気にしていくことになります。

他にも経営者の話は限りなくあります。

「ちゃんと売れているか。在庫は適正か？」から、棚卸資産回転率[60]。ライバルと比べて「当社はたくさん在庫を抱えてしまっていないだろうか」というところですね。

あと**「回収は大丈夫か？」**から、売上債権回転期間[61]。回転期間が延びてしまってくると、回収が滞っている債権があるんじゃないか。また「ライバルはもっと短い期間で回収しているなんてことになっていないだろうか」とか、そういったところを気にします。

さらに、営業担当には「売りました！」って言ってきますが、回収できていないとどうしようもない。だから、

5. 経営者の読み方～競合比較～

- ちゃんと売れているかな？在庫は適正か？ ①棚卸資産回転率
- 回収は大丈夫か？ ①売上債権回転期間
- ちゃんとお金につながっているかな？
  ①売上高営業キャッシュ・フロー比率
- 経費の掛け方は適正だろうか？
  ①売上高販管費比率
- 株主の期待に応えられているだろうか？
  ①ROE　②フリー・キャッシュ・フロー

「売上がちゃんとお金につながっているか？」を売上高営業キャッシュ・フロー比率[62]で見る。

そして、大事なのは**「経費の掛け方は適正だろうか？」**という視点で、売上高販管費比率[63]。「去年に比べて経費が多くかかり過ぎていないか」「ライバルに比べて経費が高くなっていないか」これも大きな気にしどころです。

もし、ライバルに比べて販管費が割合的に高いとすると、うちは何かでコストを下げられるはず[64]です。じゃあ、販管費を下げる方法を考えようという話になります。

あとは、上場しているなど一定の規模の企業になると**「株主の期待に応えられているだろうか？」**というところで、ＲＯＥとか、フリー・キャッシュ・フローさらには株価の上がり具合なんかも考えることになるでしょう。

経営者は、見るものが本当にいっぱいあります。限りなくあるという状況です。

(57) 倒産した会社の負債総額って、大体年商ぐらいです。なので、借入れは、年間売上の3分の1ぐらいまでが適正な範囲でしょう。

(58) 有利子負債÷総資産×100（%）

(59) 有利子負債がたくさんあっても当座資産をたくさん持っていれば、それはそれで構わないので当座比率との比較という問題になります。

(60) 売上高÷棚卸資産

(61) 売上債権÷（売上高÷12カ月）

(62) 営業キャッシュフロー÷売上高×100（%）

(63) 販売費及び一般管理費÷売上高×100（%）

(64) 何かでライバルのレベルまでは下げられるはずです。

24 従業員（就職先）の読み方

最後に、従業員の立場からを見ておきましょう。就職先として見たときの読み方です。

まず「就職先に何を求めるか」というと、環境ですよね。**「働く環境はどうだろうか？」**「従業員を大切にしてくれる会社(65)だろうか？」を気にすると思います。

そうすると環境の一つである給料という問題があるでしょう。従業員１人あたりの給料(66)。

これは、上の方の人がすごく高い給料をもらっていて、全体が押し上げられていて、あまり参考にならなかったりすることもあります。

私は、従業員１人あたりの備品の金額(67)を気にした方

6. 従業員（就職先）の読み方

- 働く環境はどうだろう？
  - ①従業員１人あたり給料（給料／従業員数）
  - ②労働装備率（有形固定資産（備品）／従業員数）
- 成長しているところで働きたい！
  - ①売上高増加率　②経常利益増加率
- 安定しているところで働きたい！
  - ①自己資本比率　②有利子負債構成比率
- 儲かっているのかな？
  - ①総利益率　②営業利益率
  - ③経常利益率
- 給料上げてくれるかな？
  - ①従業員効率

がいいと思います。**算式は備品÷従業員数**です。これで何が出るか分かります？つまり、この値が低いということは、働いている人の周りにあまりいい備品がないんです。あんまりＯＡ化されていない(68)といったことが想像できます。

逆に、１人あたりの備品の金額が大きいということは、ＯＡ化だとかシステム化だとかが進んでいる状況で働けるんじゃないかと思えます。

これは、経営者の考え方が反映されている可能性も高く、就職とか転職とかというときには大切な視点です。１人あたりの備品の額を気にしてもらえたらと思います。

他には**「成長しているところで働きたい」**と思えば、売上高の増加率。経常利益の増加率。

そして**「安定しているところで働きたい」**と思えば、自己資本比率が高く、有利子負債構成比率が低いこと。といったところで見ていくことができます。

また**「儲かっているかな？」**と思えば、売上高総利益率。売上高営業利益率。売上高経常利益率といったところで見ていくことができます。

さらに**「給料、上げてくれるかな？」**と思えば、従業員効率（１人あたりの売

(65)大切にしてくれるよりも成長させてくれる方がいい会社だとは思いますが。

(66)正確には社会保険料の負担額などの人件費が含まれます。

(67)有形固定資産÷従業員数で労働装備率という比率もありますが、土地の所有の有無のように、あまり労働環境に関係しないものも入っているので備品に特定しています。

(68)オフィス・オートメーションのこと。そうすると肉体労働的な働き方になります。

上高ー1人あたりの総費用）を見て、その余力を見ることもできるでしょう。

以上で、それぞれの立場によって見るところのポイントをお話ししてきました。

皆さん、長い人生の中でこのうちの一つなり、二つなりの立場を持つことがあるかと思います。そういうときに、これを思い出して、その会社の分析をやってみると、何かのヒントなり答えなりが出てくる可能性が多分にあると思います。

それでは、いよいよ最後の話。

「危ない会社の見抜き方」です。不良債権、不良在庫、そして粉飾にからむところ、そういったところを見ていきたいと思います。

ポイント

- **従業員1人あたりの備品の金額を比べると、会社の従業員を大切にしているかの目安になる。**

25 不良債権の存在を見抜く

まず、不良債権の存在を見抜くところから始めましょう。

不良債権を抱えているとなったときに、一見してわかるものと、分析してみてわかるものがあります。一見してわかるものとしては、貸倒れの実績率などで計算される「貸倒引当金(69)**が多額になっている」**、**「破産更生債権等が表示されている」**というのが挙げられます。

また、分析してみてわかるものとして、売上債権の回転期間が長期化(70)している。**売上債権**などというのは、**長く持っていたい人はいなくて**、早く現金化したいに決まっています。

不良債権の存在を見抜く

目に見えるものと隠されたものがある。

＜要注意シグナル＞

①貸倒引当金が多額。

②破産更生債権等が表示されている。

③売掛金の回転期間が長い、
または長期化してきている。

しかし、売上高が膨らんでくると、必然的に売上債権の額も膨らんでくる。これは仕方ない。

しかし、**売上高が増えていないのに売上債権だけが増えている**となると危ない。「不良債権があるんじゃないか」と疑ってみた方がいい状況です。

でも、もっと大きな問題は、隠れ負債です。

本当にヤバイのは、隠れ負債です。

これは、外部からの財務分析では難しく、内部に関わる会計専門家でないと見抜けないのかも知れませんが、一応お話ししておきましょう。

ポイントは収入なんです。

モノを売った代金であれば、普通に債権になって、その後に現金化。つまり、収入になっていきます。

しかし、隠れて借入を行ったりすると、**いきなり（債権を経ずに）収入がポンと来ているのに負債が増えてい**

隠れ負債の存在を見抜く

目に見えるものと隠されたものがある。

＜要注意シグナル＞

①当座比率が急に上がる。

ない――隠している――そういう状況を見たときに「あれ？　この収入に対して相手はなんだろう？」と見ていかなければならないんです。

そうすると、案外隠れ負債(71)が作られていたりします。

隠れ負債を見つけようと思えば収入をちゃんと洗っていくという基本的な方法しかなくて、財務分析では、当座比率が急に上がることにはなるのですが、同時に仕入代金の支払サイトを伸ばされたりしてしまうと、それも隠せてしまう(72)ので、難しいのです。

(69)貸借対照表の貸倒引当金は、貸倒れの見込額を示すものです。

(70)売上債権回転率の低下。

(71)本当はどこかから借りてきたんだけれども、資金が少ないと決算書の形が悪くなるので決算前に一時的に借りて、すぐに返す約束になっているとか。

(72)当座比率は流動負債分の当座資産。当座資産と同時に流動負債も増やしてしまえば比率上はわからなくなります。

26 不良在庫を見抜く

また、不良在庫。

この要注意シグナルとしては、**売上が下がって、棚卸資産の回転期間が長くなっている。**在庫が増えているという状況です。売上債権と同じで、在庫も会社としては、決して多くは持ちたくないものです。

でも、売上が膨らむ中では一定量の増加は仕方がない。しかし、売上が上がっていないむしろ下がっている局面で在庫が増えているというのは、売れない不良在庫を抱えているという可能性が多分にあります。

有価証券報告書だと、セグメント別の情報が出ています。

不良在庫を見抜く

目に見えるものと隠されたものがある。

＜要注意シグナル＞

①売上が減少し、
棚卸資産の回転期間が長期化してきている。

②セグメント別の情報で生産量が前期と変わらないのに、販売量が落ちこんでいるセグメントがある。

例えば、セグメント別の情報で生産量が前期と変わらないのに販売量が落ち込んでいるとか、生産量が増えているのに販売量が落ちているとか、そういう話になると不良在庫を抱えているんじゃないかと気にすることになります。こういったところは決算書そのものから見れるところとなります。

ポイント

●債権も在庫も会社は持ちたくないもの。期首に比べて期末に大きく増えていれば「不良？」と考えてみる。

27 架空在庫を見抜く

いよいよ、粉飾決算を見抜こうという話に入りましょう。

まず最初に、考えておかないといけないことがあります。**「会社は粉飾をしたいのか?」**という問題です。どの会社も粉飾などしたくないハズです。素朴に面倒ですから。でも、それをやる会社がある。それには、絶対に理由があるということです。

赤字になると銀行からの借入れができなくなって困ってしまうとか、連続しての赤字は顧客の不安をあおるとか、何らかの理由があるハズです。

だから、その会社が**「粉飾をしたくなる理由があるか、**

架空在庫を見抜く

＜要注意シグナル＞
①棚卸回転期間の長期化
②売上総利益率の上昇（原価率の下落）

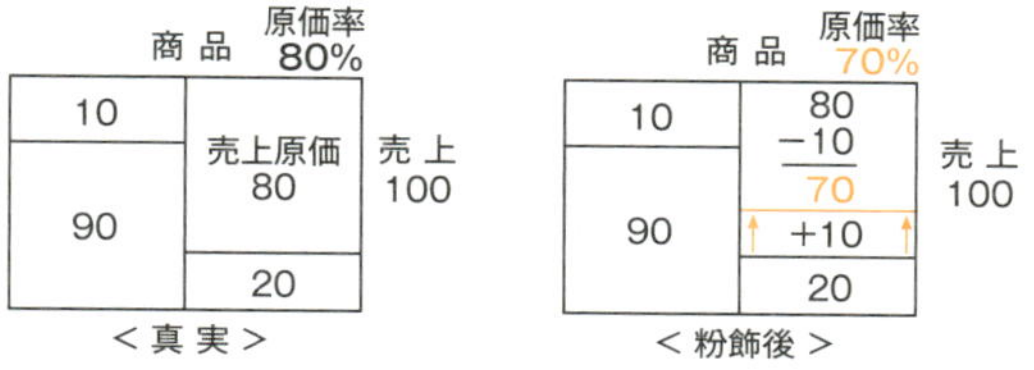

ないか」まず、そこを気にする必要があります。

粉飾決算には、主なやり方が二つあります。

一つは**架空在庫**。

もう一つは、**架空売上**。この二つがポピュラー（笑）な粉飾になります。

まず、**架空在庫からみていきましょう。**

二つ商品のボックスが並んでいます。左側が真実の状態としましょう。右側が粉飾した状態です。正しくは期首に10あって、当期に商品を90買ってきて、期末に20残っているから、売れたのは80。売上原価はこうやって差額で計算します。

ということは、売れた80に対して売上が100ですから利益は20。したがって、利益の割合は売上に対して20％です。逆に**原価の割合は80％**です。これが正しい状態だったとしましょう。

そして、なにがしか粉飾に走る理由があって、会社が粉飾の方法として架空在庫を選択したとしましょう。架空在庫をするとこのようになります。

期首に10、当期90買ってきたのは動かせない[73]。そこで期末です。正しくは期

(73)納品書などの外部資料があるので動かしにくいのです。

末は20しかないのに、プラス10の積み増しをして30あることにします。**「期首＋当期－期末」**が**売上原価**ですから、売上原価は70(74)になりますね。売上原価が70で、売上100は変わらないので、この差で利益は30。これで架空在庫による粉飾の成立です。ですから、売上100に対して30％が売上高総利益率、**原価率は70％**となります。

そうすると**「どうやって、ありもしない在庫をあるようにするの？」**っていう疑問がありますよね。

以前、うちのスタッフで架空在庫を経験した人がいまして、その人の話によると、監査法人の棚卸が入る前に、商品のダンボールのところに同じ空っぽのダンボールを積んでおくんですって。そして、自分はどのダンボールに中身が入っているかを知っているわけです。そして、監査法人の人と一緒に倉庫に行って「じゃあ、ご確認ください」と言って中身の入っているダンボールを開けて中を見せるわけです。

1個、2個、3個……。と数えて「1箱に同じ商品が20個入っています。別の箱も見ますか？」と言って、別の中身の入っている箱を開けて見せて「同じなん

(74) マイナス30になったので売上原価は70となります。

ですけどね」などと言いながら「合計で100箱ありますから2千個の在庫です(75)」ってやるんですって。

そんなふうにして、空っぽの段ボール箱を数えて期末の在庫を増やすことで売上原価が減る。**売上原価が減れば、原価率も下がって利益が大きくなります。**こうやって利益を大きくして粉飾するというわけです。

さあ、これはどういうところにシグナルが出るかというと、まず**棚卸資産を見てください。**

20だったものが30になりますね。

つまり、棚卸資産が増えるので、**棚卸資産の回転期間が長期化**します。回転率が下がるということが一つ挙げられます。

それと、もう一つ、**原価率。**私はまずこれを気にします。原価率が下がる、裏返して言うと、売上高総利益率が上がるということです。

市場の状況からいって、売上高総利益率が上がるような要素はない。つまり、別に商品の性能が上がったとか、新しい商品を導入したとかいうこともないのに、なぜか**売上高総利益率がピョっと上がる。**それで棚卸資産を見て、棚卸資産も増

(75)そのスタッフの言葉によると、「若干の演技力がいる」って言ってました。(笑)

えているとなると、ちょっとこれ怪しいぞというふうに見ていくことになります。

これが架空在庫の見抜き方です。

28 架空売上を見抜く

そして、架空売上です。

架空売上も、実は同じです。シグナルは、**原価率**です。**原価率が下がる**、つまり、**売上高総利益率が上がる**という点です。

例を挙げて、架空売上を見ていきましょう。

まず、左側が正しい状態です。期首が10、当期が90、期末が20で売上原価が80、それを100で売っている。

対して、右側が架空売上を計上した状態です。架空売上というのは実際には売れていないにも関わらず、帳簿上で売上を作ってしまうんです。

例えば、100の売上に対して、帳簿上25の売上を乗っけ

架空在庫を見抜く

＜要注意シグナル＞

①売上債権の増加　②売上総利益率の上昇（原価率の下落）

③突然、第4Qの売上が増加している

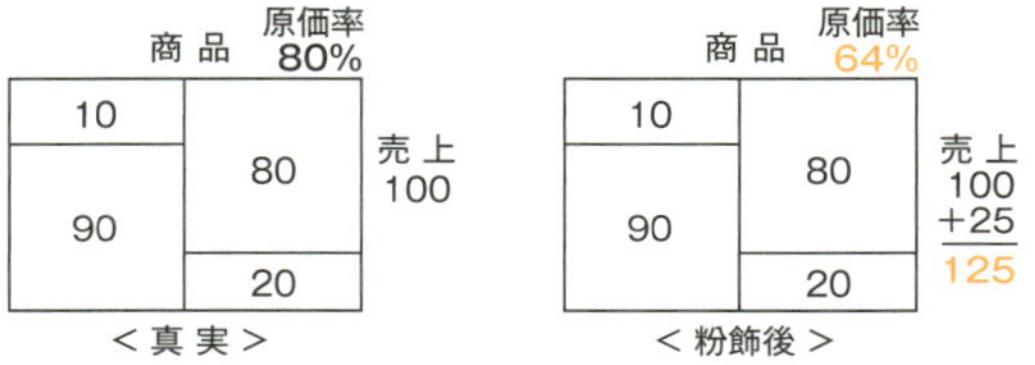

たとしましょう。そうすると架空売上の原価ってゼロ[76]でしょ？　原価は変わらないのに売上だけポンと上がるわけです。そうすると、必然的に**利益率がポッと上がる**。原価率はその分下がるわけです。ここがまず一つのシグナルです。

　これは、架空在庫と同じですね。あ、なんかおかしいぞ。利益率がピョンと上がったなと思ったときに、さっきは在庫をチェックしました。もう一つは**売上債権をチェックします**。

　売上債権が増えていないか。

　架空売上ということは売上ですから、同時に債権を計上しないといけなくなります。しかし、この債権は誰からも回収できない。売っていないのですから。だから売上債権が増えています。そこで架空売上だろうということになります。

　そして、この架空売上、**第４クォーターに起こることが多くあります**。四半期決算で期首から3カ月ごとに決算していて「ああもうヤバイなあ。このまま行ってしまうと売上がヤバイぞ」というときに第４四半期で架空売上をやって決算を迎えて[77]なんとか凌ぐというパターンです。

　粉飾決算でよくある架空在庫と架空売上の話でした。

(76) 架空売上に原価はないですよね。架空なのですから。

(77) 実際に業態的に第４クォーターに売上が上がる会社もありますから、第４クォーターに売上が上ったからといって架空売上だとは限りませんが、架空売上の粉飾としては第４クォーターの売上がポンと上がるというところが多いという状況はあります。

他にも、少し珍しい系ですが、有形固定資産での粉飾なんていう話もあります。

これまでは、損益計算書上で利益を出すことを考えていたのですが、**いきなり貸借対照表で粉飾するという荒技**を繰り出す人もいるようです。

債権者の銀行が、貸借対照表を中心に見て融資の判断をするので、ある意味合理的な粉飾なのですが……。

つまり、資産さえ増やせれば何でもいいんです。

資産を水増しすると、貸借対照表の左側が増えるので、何とかして純資産の中の利益で調整して、儲かったように粉飾してしまう、

こんな技もあるようですが、有形固定資産でやると、翌年から償却が起こるので、翌年以降も大変だと思うのですがね。

29 循環取引

では、こちらを見てみましょう。

循環取引といって、新聞でもたまに出てきます。

循環取引というのは、自社株[78]の売買を使った粉飾です。昔は「自社が発行した株式を自社で買ってはいけない」がルールだったんですが、今は一定の範囲内[79]で自社株を買っていいというルールになっています。

そうすると、自社株を持っているとそれを市場で売ることもできます。当然、自社株を安い時に買っておいて、時価が上がった時に売れば儲かりますよね。それを狙ったのが循環取引です。

ちょっと、見てみましょうね。

循環取引～自社株の売買を使った粉飾～

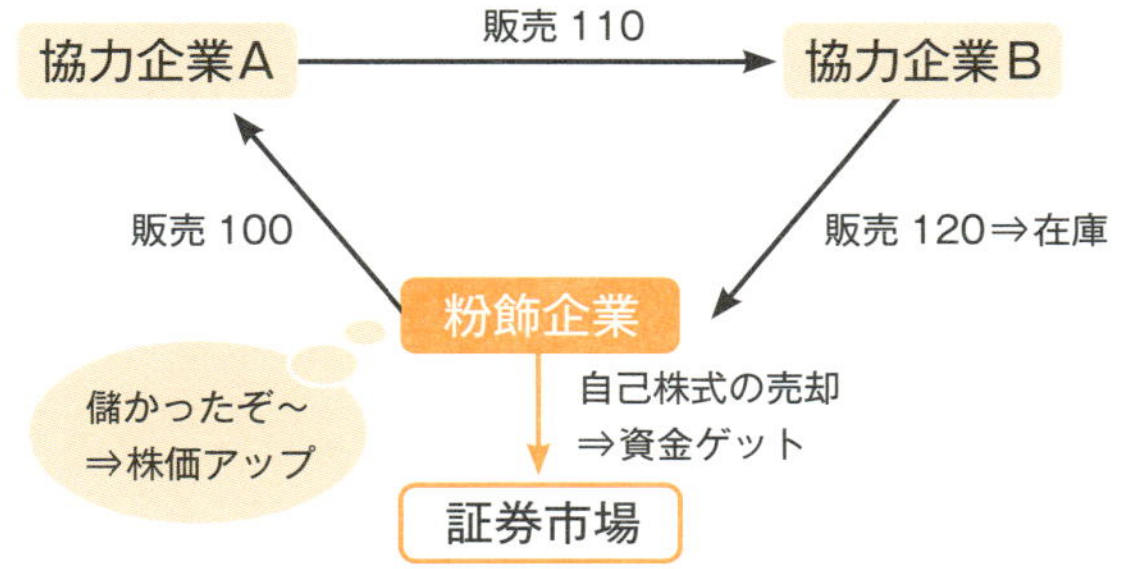

まず、粉飾企業があります。これが中心です。ここが自社株を抱えている(80)としましょう。

状況としては不況期。この粉飾企業も含めて、同じ業界の企業がすべて売上が下がってきているような状況です。

そんな中で、この粉飾企業が**協力企業Aに商品をボーンと売る**わけです。そうすると、この粉飾企業の決算には売上が上がります。利益が出ます。

そこで「儲かったぞ～！」って騒ぐわけです。ライバルは全部沈んでいる中で「うちは儲かったぞ！」ってやるわけです。そうすると、この粉飾企業の株価は上がっていきます。

その株価が上がったところで、自社株を売却します。そうすると、多額の資金をゲットできます。

しかし、その内側を見ると、協力企業Aがあってここに商品を100で売るわけです。さらに、**「協力企業Aから協力企業Bに110で売ってください」**ってあらかじめ決まっているわけです。

そして**「協力企業Bから自分は商品を120で買い戻す」**という循環の取引がルー

(78)簿記でいう自己株式です。

(79)分配可能額の範囲内となります。

(80)もしくは追加で株式を発行する。

トとして決まっているわけです。決まっている中で、100売ったぞって株価を釣り上げ自社株を売って資金を得る。この得た収入によって、この粉飾企業にとっては100で売ったものを最終的には120で買い戻すのですから、商品売買では結果的にお金は20出ていくのですが、自社株を売って得たお金の方が大きければこの会社としては成功したということになります。

これが、循環取引といわれるもので、一つの粉飾ということになります。

なかなかこういうのは見抜くのは難しいんですけれども、近年こういう自社株を使った粉飾もありますので、皆さんの知識の中に入れておいていただけたらと思います。

ポイント

- 粉飾には、粉飾をしたいだけの理由がある。
- 架空在庫も架空売上も売上高総利益率が良くなる。
- 架空在庫では商品が、架空売上では売上債権が増える

終わりに
～自分の比率を持とう～

皆さん、桑原知之の『だれでもわかる決算書分析』いかがでしたでしょうか。財務分析に関わる、お伝えしたい話がいっぱいあったので、今回こうやってまとめさせていただきました。

ちょっと過去の話をしますと、私が一番最初に財務分析的な感覚を身につけた――というより、無理やり意識させられた――のが大学時代に牛丼の吉野家で働いた頃でした。

その時に「イスの回転率を上げろ」っていう指示が来たんです。

最初は、イスにクレ556でも差すのかと思ったのですが（笑）、店長に聞いてみると「1席／日に座るお客さんの人数を上げろ」という指示でした。

そうすると、昼と夜のピークくらいしか満席にならない店でしたから、この時が勝負とばかりに、みんなしてまず、お客さんが入ってきたら早く席に誘導して、早くお茶を出し、お客さんの注文を聞いたら早く作って早く出すわけです。早く食べさせるっていうのは無理ですから(笑)。そして、早く会計して早く片付けて、次のお客さんに座ってもらうという動きを意識するようになりました。

また、今の私の状況でいうと、出版社ですから本を作ります。

このとき、本の1ページ当たりの製造原価は2円以下。そうでないと経済行為としてマズイとわかっているので、1ページ2円の製造原価を気にしながら原価を見ていきます。

私が、最後に皆さんにお伝えしたいことは、ここなんです。

《 自分の比率を持とう 》

自分の状況に合わせて、自分が気にする比率を持ってほしいのです。とりあえず、何か持ってみてください。

この比率がいい時には絶対いいし、この比率が悪い時には、気を付けなイカン。そういう比率。身の回りに何かあるんじゃないでしょうか。

その比率を一つ、ぜひ見つけて下さい。それが正しいか間違っているか、それは検証すればいい。日々検証していく中でハッキリしてきますし、違っていたら、別の比率を考えればいい。よい比率を見つけたら、それだけを気にすればいいので、仕事は随分と楽になります。

いずれにしても、イスの回転率であったり、本のページの1ページ当たりの単価であったり、**その比率は、《割り算した結果》**のはずです。

割り算した結果の比率。何かこの比率さえ気にしておけばいいんだ！　という比率をぜひ、皆さん見つけてください。見つけることを、意識してください。

これさえ持てれば、いろんな情報がそこに集約されていきます。

そうすることによって、皆さんは数字に決定的に強くなります。

そうしていただけたら、この本が永遠に皆さんの役に立つ。それが私の理想です。

最後までお読みいただき、ありがとうございました。

ではまた、いつの日にか。